MOEWIG SACHBUCH

Zum Buch

Seit jeher waren Menschen bestrebt, die Rätsel der Zukunft zu entschlüsseln, dem Schicksal in die Karten zu schauen. Und schon immer gab es Persönlichkeiten, die über die Fähigkeit verfügten, dies zu tun. Die bedeutendsten Gestalten der Weltgeschichte – angefangen bei biblischen Königen des Alten Testaments über die Kaiser des Römischen Reiches bis hin zu Politikern unserer Zeit – schenkten Ihnen Glauben: Astrologen, Auguren, Propheten, Seher.
Der wohl größte Seher aller Zeiten ist Nostradamus. Seine Prophezeiungen reichen von der Rensaissance bis zur Jahrtausendwende und haben sich im Lauf der Jahrhunderte immer wieder auf frappierende Weise bestätigt. Schlachten und Kriege, Naturkatastrophen, die Französische Revolution, Herrscher und Diktatoren, sogar der Bau der Berliner Mauer und das Zeitalter der Technik werden in den Aufzeichnungen des Nostradamus angekündigt.
Dieses Buch enthält das Computerhoroskop des Michel de Nostradame, das seine Seherkraft bestätigt sowie Prophezeihungen bis zum Jahr 2000, die einen zugleich erschreckenden und verheißungsvollen Ausblick auf unsere Zukunft bis zur Jahrtausendwende ermöglichen.

Grenzwissenschaften Esoterik

Eberhard Fuchs

NOSTRADAMUS

MOEWIG

MOEWIG Band Nr. 3252
Verlagsunion Erich Pabel-Arthur Moewig KG, Rastatt
Dieser Titel erschien bereits als Moewig Band 3163

Umschlagentwurf und -gestaltung: Werbeagentur Zeuner, Ettlingen
Auslieferung in Österreich:
Pressegroßvertrieb Salzburg Gesellschaft m.b.H.,
Niederalm 300, A-5081 Anif
Printed in Germany 1991
Druck und Bindung: Elsnerdruck, Berlin
ISBN 3-8118-3252-2

Inhalt

Vorwort

Vor bald fünfhundert Jahren wurde in einem kleinen Nest in Südfrankreich ein Mann geboren, der dazu bestimmt war, der einzige Prophet des Abendlandes zu werden.

Sein Name ist Michel de Nostredame, genannt Nostradamus. Sein prophetischer Nachlaß besteht aus zehn Zyklen von gereimten Vierzeilern, einer Reihe von Sechszeilern und einer Anzahl von Prosaschriften in verschiedenen Archiven, Klosterbibliotheken und im Geheimarchiv der Inquisition im Vatikan.

Ein Teil seiner Schriften, zum Beispiel weitere zwölf Verszyklen, sind vermutlich verlorengegangen.

Die Sprache des Nostradamus ist dunkel und orakelhaft. Er selbst hat vor der Veröffentlichung seine Verse durcheinandergeworfen, so daß ihre ursprüngliche Reihenfolge nicht mehr zu erkennen ist. Außerdem hat er Namen und Ereignisse nach einem unbekannten System verschlüsselt. Generationen von Nostradamus-Forschern haben über die Jahrhunderte versucht, den Code zu brechen und Nostradamus im Klartext zu übermitteln. Doch jede Methode mußte scheitern, weil Nostradamus selbst den Schlüssel vernichtet hat: Die Bücher und Schriften, die er benutzte, hat er verbrannt. Sie sind für immer verloren.

So ergibt es sich von selbst, daß die Prophezeiungen des Nostradamus immer erst nachträglich bestätigt werden. Das System, nach dem er vorgegangen ist, wird sich erst enthüllen, „nachdem alles eingetroffen ist“, wie er selbst schreibt.

Ungestraft haben deshalb viele Autoren Fälschungen, Verfälschungen und eigenwillige Interpretationen des Urtextes vorgenommen. Sie dienten damit entweder den eigenen Interessen oder den Interessen des jeweiligen Auftraggebers. Und an Auftraggebern hat es nie gefehlt. Von den Bourbonenkönigen über Napoleon bis Hitler haben Machthaber immer versucht, Nostradamus für ihre Interessen auszubeuten. Sie brauchten ihn als Rechtfertigung für die eigenen Taten.

Und immer in Krisenzeiten wurden die Prophezeiungen des Sehers zu Bestsellern, wie man heute sagt. Das hat sich auch in unseren Tagen wieder gezeigt. Auf der ganzen Welt werden die alten Veröffentlichungen neu aufgelegt. Freilich: Sie bringen wenig Neues. Sie stammen zu einem großen Teil aus den dreißiger Jahren dieses Jahrhunderts, wo die Welt wieder einmal in eine Krise geschleudert wurde.

Will man Nostradamus heute wirklich gerecht werden, dann muß man die ausgetretenen Pfade der Nostradamus-Forschung verlassen. Es ist sinnlos, den kalten Kaffee vergangener Jahrzehnte und Jahrhunderte wieder aufzuwärmen.

Der Zugang zu Nostradamus und zu seinen Gesichten gelingt nur, wenn man seine Persönlichkeit, sein Leben und seine Zeit miteinbezieht. Wenn man nicht stur auf die Vierzeiler starrt, sondern sein Gesamtwerk betrachtet.

Es ist mir und meinen Mitarbeitern gelungen, seltene, wenig beachtete oder gar verschollene Schriften von ihm oder über ihn zu beschaffen und diesem Buch zugrunde zu legen. Mit den Methoden der modernen Psychologie und der Computertechnik sind wir Nostradamus und seinen Prophezeiungen so nahe gekommen, wie vermutlich noch niemand zuvor. Es sollte ein ehrliches Buch werden. Und eines, das nicht nur die negativen Aspekte hervorhebt. Wir gingen skeptisch und distanziert an die Arbeit. Und zu unserer aller Überraschung erwies es sich, daß die Vorhersagen des Nostradamus und seine Seherpersönlichkeit allen Kriterien standhalten. Seine Sehergabe steht außer Zweifel. Das hat sogar ein Großcomputer bestätigt. Und es gibt nun keinen vernünftigen Grund mehr daran zu zweifeln, daß alles, was Nostradamus für unsere Zukunft angekündigt hat und soweit es überhaupt möglich ist, künftige Ereignisse zu deuten, tatsächlich eintreffen wird.

Eberhard Fuchs

Erster Teil

Das war Nostradamus

Du solltest wissen,
daß der Mensch die Zukunft
aus den Büchern der Vergangenheit
und aus denen der Gegenwart
voraussehen kann.

Paracelsus

Der getaufte Jude

Ein wilder, revolutionärer Haufen drang an einem feuchtkalten Wintertag des Jahres 1791 in die Franziskaner-Minoritenkirche „des Cordeliers“ in dem kleinen südfranzösischen Städtchen Salon ein. Ihr Anführer, ein Jakobiner, ging entschlossen auf eine Nische links vom Hauptportal zu. Hier stand der Sarkophag des großen europäischen Sehers Michel de Nostredame, der weltberühmt geworden war unter dem Namen „Nostradamus“.

Auf das Geheiß ihres Anführers rissen vier Männer den Schrein aus der Verankerung. Polternd fiel er auf die Erde und sprang auf. Nostradamus' Gebeine waren noch gut erhalten, und sogar ein lederner Beutel auf der Brust des Toten hatte die mehr als zweihundert Jahre, die seit dem Tod des Sehers vergangen waren, überstanden.

Der Jakobiner langte in den offenen Sarg und nahm den Lederbeutel an sich. Er enthielt ein Stück Pergament, auf das Nostradamus die Worte geschrieben hatte: *Tod und Verderben dem Mann, der heute meine Ruhe stört!*

Hohnlachend schleuderte der Schwarzgekleidete den Lederbeutel und das Pergament in den Sarg zurück und befahl: „Zerstreut die Gebeine dieses Fürstendieners draußen vor der Kirche!“

Der Bürgermeister von Salon ließ die Reste von Nostradamus' Gebeinen einsammeln und in einer Urne bestatten, die man heute noch in der Eglise Saint Laurent in Salon sehen kann. Seither hat niemand mehr die Ruhe des großen Toten gestört.

In unseren Tagen indessen findet eine Ausgrabung besonderer Art statt. Man hat die Schriften des Sehers, namentlich die sogenannten „Centurien“, wiederentdeckt und macht sich daran, sie neu zu deuten, den Wahrheitsgehalt der dunklen Prophezeiungen, aus denen sie im wesentlichen bestehen, anhand vergangener Ereignisse zu messen und die oft rätselhaften Vierzeiler neu zu entschlüsseln.

Viele der Prophezeiungen des Nostradamus, der die großen Ereignisse und Wendepunkte des Menschheitsgeschicks bis ins dritte Jahrtausend hinein in verschlüsselter Form vorausgesagt hat, sind auf verblüffende Weise Wirklichkeit geworden. Die Französische Revolution, die beiden Weltkriege, Hitler und die Nazis, die Judenmorde und sogar die Attentate auf Kennedy, Reagan, den Papst und auf Sadat können aus den Centurien herausgelesen werden. Manchmal sind die Voraussagungen so verblüffend korrekt, daß sogar die Namen der Beteiligten stimmen.

Erst im nachhinein jedoch konnte bisher festgestellt werden, wie sehr Nostradamus recht gehabt hat. Irgendwelche Nutzanwendungen für die Zukunft hat bisher noch niemand aus seinem Werk gezogen.

Das ist auch schwer möglich, da der Seher hauptsächlich schicksalhafte Geschehnisse ganzer Gruppen, Familien und Völker voraussagt. Wenigstens in dem Teil seiner Schriften, die bislang entziffert und der Öffentlichkeit zugänglich gemacht wurden.

Angeblich hat Nostradamus, wie er selbst in einem Brief an seinen Sohn Cäsar schreibt, einen wesentlichen Teil seiner Unterlagen und Notizen vernichtet, wohl um der Gefahr zu entgehen, von der Inquisition unter Anklage gestellt zu werden. Neuerdings tauchten jedoch Kopien von Prosaschriften des Nostradamus auf, die offenbar aus dem Nachlaß seines Freundes, Schülers und Biographen Chavigny stammen.

Diese Schriften, von denen ein entzifferter Teil in diesem Buch verarbeitet wurde, scheinen Prosaentwürfe für die fehlenden Teile der siebten Centurie sowie Ergänzungen zu einer elften und zwölften Centurie zu sein. Diese Schriften befassen sich mit der Endzeit, also jener Zeit, die dem großen Weltgericht vorausgeht. Einer Zeit also, die Nostradamus selbst in das ausgehende zwanzigste Jahrhundert gelegt hat. Zusammen mit den bereits bekannten Schriften bieten sie die Möglichkeit, die wichtigsten Ereignisse etwa der nächsten fünfzig Jahre annähernd zu deuten.

Nostradamus hat das Dilemma der Glaubwürdigkeit erkannt, als er kurz vor seinem Tod über seine Weissagungen selbst schrieb: „Wenn ich von all dem berichten sollte, was in der Zukunft geschehen wird, so würde das so wenig mit den Ansichten der jetzt lebenden Menschen, der Staaten, der Führer der Parteien und ihrer Anhänger, der Religions- und Glaubensführer übereinstimmen, daß sie das verdammen würden, was man dennoch erleben und wahrnehmen wird . . ." Und an einer anderen Stelle: „Die Länder, Parteien und Religionen werden sich so sehr verändern, daß sie in krassem Gegensatz zu dem stehen werden, was jetzt existiert und was man jetzt für richtig hält."

Und darunter würden in unserer Zeit auch die Zukunftsprognosen der Wirtschaftsanalytiker, der Politiker und der Ökologen fallen. Immer vorausgesetzt: Nostradamus' Zukunftsprognosen sind ebenso zutreffend für unsere Zeit, wie sie es seit seinem Tod bis heute gewesen sind. Doch davon wird noch ausführlich zu berichten sein.

Wichtiger als die genaue und wörtliche Kenntnis der Centurien, die in einem seltsamen Gemisch aus Altfranzösisch, Lateinisch und Provencalisch abgefaßt sind, ist für das Verständnis dieses ungewöhnlichen Menschen sein Lebenslauf, der in ein seltsames Halbdunkel gehüllt ist.

Das beginnt bereits mit seiner Herkunft. Die einen behaupten, er entstamme einer vornehmen und einflußreichen jüdischen Familie aus Oberitalien, andere sagen, die Abkunft sei zwar jüdisch, aber nicht ganz so vornehm, vielmehr sei er der Sproß einer Familie mittlerer Beamter, die vor der Inquisition aus Spanien geflohen sei. Und schließlich gibt es auch die Auffassung, die Geschichte seiner jüdischen Abstammung sei, so wörtlich, „von denjenigen erfunden worden, die ihm aus Eifersucht auf seine überragende Bedeutung als Wissenschaftler etwas am Zeug flicken wollten". Dabei war jüdische Abstammung zu Zeiten des Nostradamus kein Makel – vorausgesetzt natürlich, man ließ sich taufen. Und getauft war er, soviel steht fest.

Beim Vergleich aller Quellen und bei Würdigung der glaubhaftesten kristallisiert sich folgendes Bild des Lebens des Michel de Nostredame heraus: Er wurde am 14. Dezember des Jahres 1503 um die Mittagszeit – nach dem alten Kalender im Zeichen des Steinbocks – in St. Rémy de Provence geboren. Sein Vater Jaacov trug damals noch seinen jüdischen Nachnamen, der nicht überliefert ist, doch scheint er dem Stamm Isaschar anzugehören, aus dem in der Vergangenheit viele Propheten, Mystiker und Gelehrte hervorgegangen sind.

Tatsächlich ist vom Vater, aber auch vom Großvater Peyrot überliefert, daß sie sich intensiv mit dem Studium der jüdischen Geheimlehre, der Kabbala, befaßten. Väterlicherseits waren Nostradamus' Vorfahren vermutlich Getreidehändler aus der Gegend von Avignon mit dem Familiennamen Ben Gassem, die vor zwei oder drei Generationen aus Spanien geflohen waren, um nicht dem alten Glauben abschwören zu müssen.

Das tat indes Vater Jaacov: Als Michel neun Jahre alt war, beschloß die ganze Familie, den Glauben der Väter aufzugeben und sich taufen zu lassen. Der Vater nahm zu Ehren der Muttergottes den Namen Jacques de Nostredame (Unsere Frau) an. Jedenfalls wird in den Kirchenregistern von St. Rémy die Familie ab 1512 als „neophyte" (übergetreten) und jetzt „dem wahren Glauben angehörend" geführt.

Die Mutter Reynière wird oft als eine „geborene Reynière de St. Rémy" bezeichnet, was die Abstammung vom Adel andeuten soll. Richtig scheint jedoch zu sein, daß sie den Namen Reynière (provencalisch für Renata) erst nach der Taufe annahm, daß sie aus St. Rémy stammte und früher vermutlich Malka (hebräisch für Königin) Tourell hieß. Ihr Vater soll Arzt gewesen sein, der später seinen Beruf aufgab und Steuereinnehmer wurde. Alles in allem eine ehrbare, gutbürgerliche, aber nicht überragende Abkunft.

Ohne seine jüdische Abstammung hätte Michel sicher nie die Gelegenheit gehabt, so tief in das Wissen der Kabbala, der Schriften und der Propheten einzudringen. Ganz sicher wurde er als ältester von fünf Brüdern in den Jahren seiner frühen Kindheit von Vater und Großvätern in der Kenntnis der heiligen Bücher unterwiesen, lernte die hebräische Schrift und Sprache und bekam Zugang zu den okkulten Schriften, die sehr oft in Hebräisch abgefaßt waren. Vermutlich ist bereits in dieser Zeit seine Identifikation mit dem biblischen Propheten Jeshajahu (Jesajas) angelegt, der sich ebenfalls als Warner und Mahner verstand und der drohendes Unheil, Krieg und Katastrophen verkündete.

Immer wieder beruft er sich auf das „Wissen der Väter", und sicher fühlte er sich aufgrund des Blutes seiner Ahnen in direkter Linie von den Propheten herstammend. Das mag seine spätere Berufung entscheidend beeinflußt haben. Einmal schreibt er an Henri II: „. . . durch meinen natürlichen Instinkt, der mir durch meine Vorfahren verliehen wurde . . ."

Zunächst jedoch ist Michel de Nostredame, wie er jetzt heißt, ein eher unauffälliges Kind, ein blasser Knabe, der eifrig hinter seinen Büchern sitzt und des Nachts vom Flachdach des elterlichen Hauses aus den Sternenhimmel beobachtet. Großvater Jean, der ehemalige Arzt, führt ihn in die Grundkenntnisse der Astrologie ein, bringt ihm erste alchimistische Kenntnisse bei, während Großvater Peyrot seinen Sinn für Zahlen entwickelt. Bei den Großvätern lernt er außer Hebräisch noch die Grundzüge von Latein, Arabisch und Griechisch. Eine Scholarenkarriere kündigt sich an. Seine Mitschüler nennen ihn den „kleinen Sterngucker" und meiden ihn wegen seiner geistigen Überlegenheit.

Michel de Nostredame verbringt die meiste Zeit außerhalb des elterlichen Hauses in der Rue de Barri. Meist hält er sich bei Großvater Jean auf, verbringt über dessen Büchern oft ganze Nächte. An Eltern und Geschwister hat er vermutlich keine sehr starke Bindung.

Kurz nach dem Tod des Großvaters zieht Michel ganz fort aus St. Rémy. Seine Eltern schicken ihn nach Avignon auf die Universität. „Er soll Arzt werden", entscheidet der Familienrat. In Avignon fällt er nicht nur den Mitstudenten als scharfsinniger Denker, fachkundiger Astronom und eifriger Astrologe auf – die Beamten der Inquisition, die auch in Südfrankreich herrscht, werden ebenfalls auf ihn aufmerksam; Michel vertritt nämlich mit Feuereifer die These, daß die Erde eine Kugel sei und um die Sonne kreise. Das war damals, als die offizielle Kirche noch über hundert Jahre lang das geozentrische Prinzip vertreten sollte, ein großes Risiko. Angeklagt vor einem Gericht der Inquisition zu sein, bedeutete nicht selten den Tod, häufiger die Verbannung und harte Kirchenstrafen und fast immer das Ende einer Karriere.

Die Gerüchte über die „Ketzerei" des eben getauften Juden drangen auch bis St. Rémy und bereiteten den Eltern viel Kummer und angsterfüllte Nächte. Sie fühlten sich konkret bedroht und sorgten deshalb dafür, daß der ungeratene Junge seine Studien in einer weiter entfernten Stadt fortsetzte – in Montpellier. Der Vater gab ihm die strikte Weisung mit auf den Weg, Medizin zu studieren und nichts als Medizin. Und die verfluchten Sterne, die ihm der Großvater – gesegnet sei sein Andenken –, in den Kopf gesetzt hatte, solle er tunlichst vergessen.

Das war im Jahr 1522. Bereits jetzt zeichnete sich ab, daß Michel de Nostredame, der seinen Namen zu „Nostradamus" latinisierte, wie es damals unter Akademikern der Brauch war, kein glattes und ruhiges Leben verbringen und daß es ihm sicherlich nicht so leichtfallen würde, sich einmal seßhaft zu machen.

Mathematik und die – heimlich betriebenen – Studien der Kabbala, der Alchimie und der Magie waren die Leidenschaft des Zwanzigjährigen, während seine große Lebensberufung die Medizin werden sollte. Im Alter von dreiundzwanzig Jahren erhielt er von der Universität das Recht, die Medizin auszuüben und als fahrender Scholar im ganzen Land zu praktizieren.

Die hygienischen Verhältnisse in ganz Europa waren grauenvoll damals im 16. Jahrhundert. Die Städte hatten keine Kanalisation, das Wasser wurde aus stehenden Gewässern geschöpft. Abfall und Exkremente wurden einfach auf die Straße geschüttet. Regnete es, so verwandelte sich alles in einen stinkenden Morast, während Armeen von Ratten zu jeder Jahreszeit die Straßen der Städte bevölkerten. Entsetzliche Epidemien dezimierten die Bevölkerung; der schwarze Tod, die Pest, ging um.

Nostradamus machte sich erneut verdächtig, indem er versuchte, einfache Hygienemaßnahmen durchzuführen, den Menschen empfahl, das Wasser vor dem Trinken abzukochen, sich vor dem Essen die Hände zu waschen und zu baden. Er wußte zwar noch nichts von Krankheitserregern und ihrer Ausbreitung und daß die Pest von den Flöhen der Ratten übertragen wurde, hatte aber die Erfahrung gemacht, daß Ungeziefer und Schmutz den Ausbruch von Krankheiten begünstigten.

Zeitlebens stand er in dem Ruf, gegen die Pest immun zu sein. Aber vermutlich beherzigte er nur die wichtigsten Verhütungsmaßnahmen für sich selbst. In Südfrankreich war vor allem die sogenannte „Schwarze Pest" endemisch. Das ist eine besonders heftig und fast immer tödlich verlaufende Form dieser Infektionskrankheit: Schwarze Geschwüre bilden sich am ganzen Körper, brechen schließlich auf und verbreiten einen entsetzlichen Gestank. Der Patient stirbt manchmal innerhalb von Stunden einen qualvollen Tod.

Ganze Stadtbevölkerungen samt der Ärzte flohen in Panik, wenn einige Bewohner den „Schwarzen Tod" starben. Dadurch wurde die Pest natürlich immer weiter ausgebreitet. Der Kampf gegen sie erschien hoffnungslos. Nostradamus jedoch nahm den Kampf mit dem ihm eigenen persönlichen Mut auf. Er war von tiefer Menschlichkeit und warmem Mitgefühl für alle Kreatur beseelt, sagen seine Zeitgenossen über ihn. Und vor allem: Er war niemals bereit, aufzugeben. Auch nicht in scheinbar hoffnungslosen Situationen. Diese Eigenschaften und seine profunden medizinischen Kenntnisse machten ihn schon in jungen Jahren zum berühmtesten Pestarzt seiner Zeit. Oft verzichtete er auf sein verdientes Honorar, und noch häufiger beschenkte er die Armen der Stadt, deren Magistrat ihn für seine Dienste reich belohnt hatte, gab ihnen alles Gold, das man ihm aufgenötigt hatte.

Nostradamus zog von Stadt zu Stadt, von Gemeinde zu Gemeinde, heilte, verschrieb Rezepte, linderte Elend und war im Kampf gegen die Pest so erfolgreich, daß Fürstenhöfe und der gesamte Adel ihn kommen ließen, denn auch sie wurden von der schrecklichen Krankheit natürlich nicht verschont.

Viele Jahre später, im Jahr 1552, veröffentlichte er ein Buch, in dem er seine Erfahrungen als Pestarzt niederschrieb und die wichtigsten Maßnahmen zur Bekämpfung der Krankheit darlegte.

Der junge Arzt

Nichts deutete in seinen frühen Jahren darauf hin, daß aus dem kämpferischen, ganz im Diesseitigen verhafteten und hochbegabten jungen Mann einmal Europas bedeutendster Seher werden sollte, der sogar noch am Ende des zwanzigsten Jahrhunderts die Menschen in Unruhe und Schrecken versetzen würde, der aber auch in der Lage wäre, über alle Zeiten hinweg Hoffnung und Zuversicht auf ein gnädiges Schicksal zu verbreiten.

Auch Diktaturen und Gewaltherrscher in unserer Zeit haben sich ausdrücklich auf ihn berufen. Goebbels zum Beispiel münzte die Prophezeiungen des Nostradamus zu seinen Propagandazwekken um und beauftragte den Schweizer Astrologen Ernst Krafft mit der Verfälschung und Mißdeutung der Centurien, während die Engländer Unsummen ausgaben, um die Schriften des Ernst Krafft wirkungsvoll zu widerlegen. Daß Krafft schließlich in Ungnade fiel und im KZ starb, hätte er bei Nostradamus nachlesen können; es beweist nur, daß auch Fälschungen nichts daran ändern können, daß Nostradamus' Vorhersagen eintreffen. Er hatte nämlich das Ende des Dritten Reiches und den Sieg der Alliierten vorhergesagt.

Doch zurück ins Jahr 1525. Nostradamus zieht nach Narbonne, wo die Pest besonders heftig wütet. Er wird in Elendsquartieren gesehen, in den Häusern der Reichen, in den Spitälern, ist überall, hilft, so gut es eben gehen will, und gönnt sich keinen Schlaf. Die Toten werden nicht mehr beerdigt, sondern nur noch aufs freie Feld gekarrt, wo sie vermodern.

Das Wunder geschieht: Nostradamus und seinen Helfern gelingt es, die Epidemie zum Stillstand zu bringen. Die Seuche versiegt. Die Stadt ist überglücklich, beschenkt ihn reich. Da ereilt den Pestarzt ein Ruf aus Carcassonne, wo der Schwarze Tod erneut zugeschlagen hat. Nostradamus ist wie besessen. Auch in Carcassonne gelingt ihm, was allen Ärzten vor ihm nicht gelungen ist – er besiegt die Pest. Niemand ahnt, woher ihm die riesigen Kräfte zufließen. Hinter seinem Rücken raunen bereits wieder einige: Er hat es mit der Schwarzen Kunst, er ist mit dem Teufel im Bunde. Aber Nostradamus hält sich nie lange genug in einer Stadt auf, daß die Gerüchte zu einer ernsthaften Gefahr für ihn werden könnten. Noch ehe die aus tödlicher Gefahr Befreiten sich in dumpfem Aberglauben gegen ihn wenden können, ist er schon wieder weitergereist. Doch vorher verschreibt er noch dem Bischof der geretteten Stadt ein Elixier für ein langes Leben.

Die nächsten Stationen sind Toulouse und Bordeaux. Wieder die Pest. Wieder geht er siegreich aus dem Kampf gegen das Menschheitsübel hervor. Und obwohl er sich nicht schont und engsten Umgang mit den Kranken und Todgeweihten hat, steckt er sich niemals an. Es ist, als ob das Schicksal noch etwas Besonderes mit ihm vorhätte, als ob ihn die Vorsehung für eine große Aufgabe aufgespart hätte. Nun wagt er sich auch wieder nach Avignon, nach der Stadt, die er etwas überstürzt verlassen hatte. Es ist überliefert, daß Nostradamus hier besonders eifrig die okkulten Schriften der Universität studiert. Er befaßt sich in dieser Zeit auch mit Naturheilkunde, Kräuterrezepten, Kosmetik und Schönheitspflege. So unglaublich es klingt, Nostradamus findet sogar die Zeit, sich neue Rezepte für Süßspeisen auszudenken. Er macht diese Rezepte dem Päpstlichen Legat und Großmeister der Malteserritter zum Geschenk, der gerade in der Stadt weilt.

Nicht nur seine ungewöhnlichen Erfolge erregten den Neid der Kollegen, nicht nur die Verehrung, die ihm allenthalben entgegenschlug, machte sie eifersüchtig, auch seine ungewöhnlichen Methoden und sein kühner Geist brachten sie in Verwirrung, weil sie dadurch schmerzlich auf ihre eigene Mittelmäßigkeit hingewiesen wurden. Nostradamus wurde angegriffen. Und bereits damals wurden falsche Legenden um ihn gesponnen, wurden seine Arbeiten verfälscht, seine Lehren verdreht.

Die Kollegen in der medizinischen Fakultät von Avignon, deren

Weltbild noch im Mittelalter verhaftet war und deren medizinische Kenntnisse über Aderlassen und Schröpfköpfe-Anlegen selten hinausgingen, waren überfordert von dem Jahrhunderte überspringenden Geist des jungen Kollegen, konnten ihn einfach nicht verstehen und suchten ihm in ihrer Borniertheit einen Strick daraus zu drehen, daß er sich weigerte, die Patienten zur Ader zu lassen.

Nostradamus focht viele siegreiche Sträuße in der Fakultät aus und erreichte schließlich, daß man ihn in Ruhe weiterarbeiten ließ. Noch war er Scholar und kein fertiger Doktor, denn die Arbeit mit den Patienten hatte ihm keine Zeit gelassen, seine akademische Ausbildung abzuschließen. Erst vier Jahre später, nachdem er nach Montpellier zurückgekehrt war, machte er schließlich seine Doktorarbeit. Dieses Datum wurde festgehalten: Es war der 23. Oktober 1529. Nostradamus war jetzt sechsundzwanzig Jahre alt und stand erst am Beginn seiner glanzvollen, aber unruhigen Laufbahn, die ihn zu einer der umstrittensten Persönlichkeiten seiner Zeit machen sollte.

Bis zum heutigen Tag sind sich Geschichtsforscher, Philosophen und Theologen nicht ganz klar darüber, wo sie ihn einordnen sollen. Für den Begriff „Prophet" gibt es in der Wissenschaft keinen Platz. Während die meisten Nachschlagewerke seine Bedeutung als Pestarzt, Astrologe und Philosoph würdigen und die „Centurien" als einmalige philosophische und literarische Leistung anerkennen, wird er von anderen als Scharlatan abgetan, ganz wie zu seinen Lebzeiten. Der Historiker Will Durant schreibt zum Beispiel kurz und bündig über ihn: „Das von Nostradamus hinterlassene Weissagungsbuch ist von so geschickter Zweideutigkeit, daß es später kaum ein geschichtliches Ereignis gab, auf das nicht die eine oder andere Äußerung bezogen werden konnte."

Eine solche Wertung wird weder dem Mann noch dem Werk gerecht. Denn kaum jemals hat es in der Geschichte einen Mann von seiner Bedeutung gegeben, der seinen Standpunkt und seine Meinung eindeutiger und streitbarer verkündet hätte. Nicht einmal Martin Luther, der ein Zeitgenosse des Nostradamus war. Luther war zwar auch streitbar, änderte seine Ansichten aber im Lauf seines Lebens.

Entscheidend befruchtet wurde der Geist Nostradamus' durch die Begegnung mit dem großen Philosophen Caesar Scaliger. Scaliger, selbst ein streitbarer Geist, der sich regelmäßig mit seinen Freunden und Bekannten überwarf, hatte von dem jungen Nostradamus gehört und schrieb ihm nach Montpellier. Es entwickelte sich eine rege Korrespondenz. Scaliger war offenbar entzückt von Nostradamus' Ansichten, seinem Wissensstand und vom Weltbild des Arzt-Philosophen. Jedenfalls gipfelte der Briefwechsel in einer Einladung Nostradamus' ins Haus Scaligers nach Agen.

Die Bedeutung Scaligers als Philosoph, Sprachforscher, Übersetzer lateinischer und griechischer Schriften sowie als Poet war so überragend, daß sein Ruf über ganz Europa verbreitet war. Man nannte ihn neben Erasmus von Rotterdam und Rabelais, die er beide heftig angriff. Seine geschliffene Feder war gefürchtet, seine streng wissenschaftliche lateinische Grammatik „De causis linguae latinae" hat unbestreitbar bis auf den heutigen Tag Gültigkeit.

Dieser Mann nun unternahm es, Nostradamus, den Vielversprechenden, weiter auszubilden, zu schleifen und zu formen.

Nostradamus blieb im Hause des großen Mannes und schlug zum erstenmal in seinem Leben Wurzeln.

Er verliebte sich in ein wunderschönes Mädchen von vornehmer Abkunft aus Agen, deren Name leider nirgends überliefert ist. 1534 heiratete er seine Angebetete. Das Paar hatte zwei Kinder, einen Sohn und eine Tochter. Nostradamus' Weg schien in ruhigere Bahnen zu münden, in Seßhaftigkeit, Glück und Wohlstand.

Dr. Nostradamus hatte eine gutgehende Praxis mit vornehmen und wohlhabenden Patienten, die von weither kamen, um sich von ihm behandeln zu lassen. Aber auch für die Ärmsten hatte er ein Herz und allezeit eine offene Hand. Zum erstenmal in seinem Leben zeichnete sich so etwas wie Wohlstand ab. Seine Frau gehörte zu den elegantesten und begehrtesten Erscheinungen der Stadt, die Kinder waren wohlgeraten und die Freude ihrer Eltern.

Viele Nächte verbrachte der junge Arzt im Gespräch mit seinem väterlichen Freund und Gönner. Auf dem Dach des Scaliger-Hauses entstand ein kleines Observatorium, in dem die beiden Männer ernsthafte astronomische Studien betrieben. Wagenladungen voller Bücher – und Bücher wurden damals mit Gold aufgewogen – kamen aus aller Herren Länder in das Haus, das ein Zentrum wurde für den französischen Humanismus, der sich von Agen her im ganzen Land ausbreitete.

Aber mit den Fremden kam auch die Pest. Wieder einmal brach eine Epidemie aus. Nostradamus holte seine Instrumente, Salben und Arzneien und zog erneut von Haus zu Haus. Tag und Nacht gönnte er sich keine Ruhe, vergaß sich, vergaß seine Familie und merkte nicht, daß das Unheil sein eigenes Haus getroffen hatte. Frau und Kinder erkrankten an der tödlichen Form der Pest, an der Lungenpest, die nicht wie die Beulenpest durch Rattenflöhe übertragen wird, sondern durch direkte Infektion von Mensch zu Mensch. Vermutlich hatte Nostradamus, ohne es zu merken, den Tod ins eigene Haus gebracht. Jetzt mußte er machtlos zusehen, wie seine Lieben starben.

An diesem tragischen Unglück zerbrach sein ganzes bisheriges Leben. Die Patienten blieben aus, denn sie zweifelten an einem Arzt, der nicht einmal die eigene Familie retten konnte.

Nostradamus selbst hat die Schrecken der Pest so geschildert:

„Selbst die Eltern kümmerten sich nicht mehr um ihre Kinder. Wenn die Anzeichen der Krankheit offenbar wurden, dann verließen die Menschen ihre nächsten Angehörigen – Weib, Kind, Mann und Bruder. Im Wahn stürzten sich viele in die Brunnen, viele herab von den Fenstern, zerschmettert blieben sie liegen. Frauen brachten ihre Kinder zu früh zur Welt.

Am schnellsten starben die Kinder, und ihr ganzer Leib war von Pestbeulen übersät. Die Menschen waren vergiftet von der Pest, und ein Gesunder brauchte einen Kranken nur anzuschauen, um sich selber anzustecken. Gleich ob einer Reichtümer, Gold und Schmuck besaß – er mußte dennoch sterben. Niemand hätte ihm einen Trunk Wasser gereicht . . .“

Jetzt war er selbst ein Opfer des schwarzen Todes geworden. Er, der große Pestarzt. Dumpfe Schwermut überkam ihn. Er zerstritt sich mit seinem Freund Scaliger und floh schließlich bei Nacht und Nebel aus Agen, als ihn eine Vorladung der Inquisition erreichte. Man warf ihm Gotteslästerung vor, weil er vor einiger Zeit zu einem schlechten Bildhauer, der die Muttergottes in Bronze goß, gesagt haben sollte: „Du stellst den Teufel her." Es half ihm nichts, daß er in Wahrheit nicht die Muttergottes, sondern die stümperhafte Arbeit kritisiert hatte – schon allzulange hatte die Inquisition ein Auge auf den Mann, dem die Massen so verdächtig zujubelten und der Ansichten hatte, die sich nicht immer mit den herrschenden Vorstellungen des Klerus deckten. Nostradamus war fällig.

Er dachte nicht daran, sich der bigotten und ungerechten Behörde zu stellen. Vielmehr machte er sich wehen Herzens auf eine lange Wanderschaft, die ihm seine Ruhe wiederbringen sollte.

Die ersten Gesichte

Wäre Nostradamus nicht als der große Seher berühmt geworden, dann hätte ihn sicherlich sein Wirken als Arzt unsterblich gemacht. Denn die Wanderjahre, die jetzt einsetzten, machten ihn in ganz Europa bekannt. Ihm eilte der Ruf voraus, ein „Wunderdoktor" zu sein, der jede Krankheit heilen konnte. Kenner haben ihn oft mit seinem Zeitgenossen Bombastus von Hohenheim verglichen, der als „Paracelsus" bekannt wurde.

Auch Nostradamus fand – unabhängig von Paracelsus – ein Mittel gegen die Syphilis, die damals, als „Lustseuche" von den neuentdeckten Kolonien Westindiens kommend, ganz Europa heimsuchte. Auch er war Philosoph in seinem Denken, Neuplatoniker und wie Paracelsus Anhänger der Astrologie. Eine weitere Ähnlichkeit der beiden großen Männer: Beide legten großen Wert auf die Pharmakologie. So bereiste Nostradamus in seinen ruhelosen Wanderungen die Apotheken Europas, machte sich Notizen, sammelte Erkenntnisse über die Wirkungsweisen der verschiedenen Arzneien und häufte so im Lauf der Jahre ein enormes Wissen an. Zehn Jahre lang dauerte das ruhelose Wanderleben dieses Mannes, den Nostradamus-Kenner Alexander Centurio folgendermaßen beschreibt:

„Er war etwas unter Mittelgröße, kräftig im Körperbau, von munterem Wesen und stets gut gelaunt. Er hatte eine hohe Stirn, eine gerade Nase, graue Augen, einen sanften Blick, der im Zorn Flammen sprühen konnte. Hinter seinem Ernst verbarg sich ein schalkhafter Humor, er lachte gern und oft. Der Seher hatte rote Wangen, sein Augenlicht blieb gut bis zuletzt. Nach der Sitte der damaligen Zeit trug er einen Vollbart, sein Gebiß war vollständig . . ."

Auf den zeitgenössischen Darstellungen ist Nostradamus im

Stil der fahrenden Scholaren gekleidet in schwarzer Robe mit einem Barett auf dem Kopf. In dieser Aufmachung hat er große Ähnlichkeit mit dem Bild, das man sich gemeinhin von Dr. Faustus macht. Und in der Tat hat Goethe dem großen Seher in seinem Faust ein Denkmal gesetzt, indem er Faust sagen läßt:

Flieh! Auf! Hinaus ins weite Land!
Und dies geheimnisvolle Buch
Von Nostradamus' eigner Hand,
Ist es dir nicht Geleit genug?

Auch seinen Faust läßt Goethe ruhelos über die Erde streifen, läßt ihn suchen und grübeln, forschen und jagen. Und sicherlich hatte er dabei auch das Beispiel des Nostradamus vor Augen, dessen Bild der Generation Goethes noch deutlicher gegenwärtig war als uns Heutigen.

Die Wanderjahre des ruhelosen Mannes, der wie Ahasver, der ewige Jude, von Stadt zu Stadt, von Land zu Land pilgert, sind in ein seltsames Dunkel gehüllt. Wenig mehr ist darüber zu sagen, als daß er in Genf, Augsburg, München, Prag, Wien, Venedig, Rom und sogar in Palermo in Sizilien auftauchte. In einem Kloster in der Nähe von Augsburg scheint er sich mehrere Monate lang aufgehalten zu haben, die alten Handschriften der Mönche studierend und das Geheimnis ihrer Kräuterkunde erforschend. Eine verschollene Schrift des Nostradamus aus jener Zeit befaßt sich mit der Wirkung der Gifte auf den Menschen und nennt die passenden Gegengifte. Intensiv scheint er sich auch mit der Wirkung von Mitteln befaßt zu haben, welche „die Kraft der Lenden stärken und der Liebe förderlich sind“. Für diese Aphrodisiaka scheint er vor allem unter den geistlichen Herren aller Grade und aller Herren Länder begeisterte Abnehmer gefunden zu haben. Kenner schreiben auch einen Teil seines späteren Einflusses am Hof der Katharina von Medici in Frankreich dieser speziellen Fertigkeit zu.

Sicherlich ist die Wanderlust auch in seinem Charakter angelegt, er scheint geradezu schicksalhaft dazu bestimmt, immer wieder nach neuen Horizonten aufzubrechen, die Wahrheit hinter dem nächsten Berg und wieder dem nächsten zu suchen, das Exotische als Lebenszweck zu erleben. Aber ein gut Teil seiner Ruhelosigkeit dürfte auch darin begründet sein, daß er keine Neigung verspürte, sich von den Schergen der Inquisition einholen zu lassen, die ihm noch immer auf den Fersen war.

Die Summe der Erfahrungen auf seinen Reisen legte er nieder in seinem Buch „Traité des fardmens", in dem er eine umfangreiche Kritik aller bekannten und weniger bekannten Arzneimittel seiner Zeit niederschrieb und damit den Grundstein für eine wissenschaftliche Pharmakologie legte.

Bekannt wurden aus dieser Zeit auch seine Übersetzungen vom Griechischen ins Französische und einige philosophische Schriften, die heute über die ganze Welt verstreut und in Privatsammlungen verschwunden sind. Das liegt zum Teil daran, daß er seine Arbeiten immer am Ort seines jeweiligen Wirkens veröffentlichte.

Erste Berichte von der Sehergabe des Nostradamus machten damals die Runde. Es gibt eine amüsante Anekdote von ihm aus jener Zeit:

Während der reisende Arzt zu Gast bei einem französischen Adligen namens Seigneur de Florinville war, kam auch die Rede auf Vorhersagen, Prophezeiungen und die Sehergabe des Nostradamus im besonderen. Der Hausherr gab sich skeptisch und stellte seinen Gast auf die Probe.

„Sagen Sie mir doch bitte das Geschick der beiden Spanferkel voraus, die Sie hier draußen vor dem Fenster im Schlamm wühlen sehen", sagte der noble Herr und lachte schallend.

„Ganz einfach, Euer Gnaden", erwiderte der Arzt. „Sie werden das schwarzgefleckte Spanferkel verspeisen, während ein Wolf das weiße verschlingen wird."

Der Seigneur gab sofort Anweisung, das weiße Spanferkel zu schlachten und ihm und seinen Gästen noch am selben Abend zu servieren. So hoffte er seinen Gast widerlegen zu können.

Der Koch schlachtete das weiße Spanferkel. Aber in einem unbewachten Augenblick schlich sich eine zahme Wölfin in die Küche und stahl das Fleisch. In Panik schlachtete der Koch nun auch das schwarzgefleckte Ferkel und servierte es zum Abendessen.

„Nun, mein werter Herr, Sie sehen, ich esse das weiße Ferkel", sagte Monsieur de Florinville, der die wahren Zusammenhänge nicht kannte. Nostradamus jedoch bestand darauf, daß der Koch gehört werde. Der gestand dann zitternd und stammelnd die ganze Wahrheit.

Ob diese Geschichte nun tatsächlich verbürgt ist, kann heute niemand mehr sagen. Sicher ist jedoch, daß diese und andere Anekdoten, die man sich von ihm erzählte, den Ruf des Nostradamus als Seher verbreiteten, worauf sein Zulauf noch größer wurde. Erika Cheetham berichtet in ihrem Buch „The prophecies of Nostradamus" ebenfalls von diesem Vorfall und fügt noch eine weitere Geschichte hinzu:

„Offenbar während seiner Reisen in Italien begegnete ihm ein junger Mönch, ein ehemaliger Schweinehirt, auf der Straße. Ohne zu zögern kniete Nostradamus vor ihm nieder und nannte ihn ‚Ihre Heiligkeit'. Der junge Mönch war Felice Peretti, der später Papst Sextus V. wurde."

Freilich, Sextus V. wurde erst im Jahr 1585 inthronisiert, also lange nach dem Tod des Nostradamus. Die Geschichte kann also höchstens dazu beitragen, postum seinen Ruf als Seher zu festigen.

Das Datum seiner Rückkehr nach Frankreich steht nicht ganz genau fest. In manchen Quellen heißt es, er sei 1554 in Marseille als niedergelassener Arzt tätig gewesen und habe noch im selben Herbst bei der großen Pestepidemie von Aix-en-Provence erneut Wunder gewirkt. Andere, und das ist wahrscheinlicher, sehen ihn bereits im Jahr 1546 wieder in der heimatlichen Provence, wo er in dem Städtchen Salon-de-Craux (heute Salon de Provence) wieder als Pestarzt tätig ist.

Zu dieser Zeit scheint eine der verheerendsten Flutkatastrophen aller Zeiten die Rhône und ihr Delta heimgesucht zu haben. Die halbe Provence stand unter Wasser. Das Trinkwasser wurde ungenießbar, im Fluß trieben Tausende von Kadavern von Menschen und Tieren. Aber das Schlimmste von allem war, daß die Naturkatastrophe die Pest erneut und heftiger als je zuvor zum Ausbruch brachte.

Am schlimmsten heimgesucht wurde die Hauptstadt Aix. Ein Bote wurde zu Nostradamus gesandt, mit der Bitte, sofort nach Aix zu kommen, denn dort habe der Schwarze Tod furchtbar zugeschlagen, und sogar die meisten Ärzte seien bereits geflohen. Mehrere Quellen geben für sein Eintreffen in Aix den 1. Mai 1546 an.

Sein Wissen, das er sich auf seinen Wanderschaften erworben hatte, verlieh Nostradamus die Fähigkeit, nachhaltiger als je zuvor die Seuche anzugehen. Zwei Jahre lang arbeitete er, dann hatte er die schreckliche Krankheit aus der Hauptstadt und ihrer Umgebung vertrieben. Die Dankbarkeit der Menschen war so groß, daß er sich noch Jahre danach verbergen mußte, wenn er nach Aix kam, weil sie ihm sonst in Scharen nachgelaufen wären.

Als er nach zwei Jahren, also vermutlich im Jahr 1548, wieder nach Salon-de-Craux zurückkehrte, lag das nicht etwa an seiner wiedererwachten Wanderlust. Sein Grund hießt Anne Ponsart Gemelle, eine junge Witwe, in die er sich vor zwei Jahren unsterblich verliebt hatte. Sie ließ ihn den immer noch nagenden Schmerz um den Verlust seiner Familie vergessen. In ihren Armen fand er Trost und in ihrer Heimatstadt eine neue Heimat.

Anne und Michel heirateten, und es traf sich gut, daß die junge Frau recht vermögend war. In ihrem Haus an der Place de la Poisonnerie ließ sich das Paar nieder.

Der Prophet

Von nun an galt das Hauptinteresse des Vielgereisten und Vielerfahrenen okkulten Dingen. Im Dachgeschoß seines Hauses richtete sich der Arzt eine Alchimistenküche ein. Freilich ging es ihm weniger darum, den Stein der Weisen zu finden, mit dessen Hilfe man aus Blei Gold machen konnte. Vielmehr wollte er all die sonderbaren und geheimen Rezepte ausprobieren, die er auf seinen Reisen gesammelt hatte. Auch die alten magischen Schriften, die geheimen Lehren der Kabbala, die Bücher des Rabbi Avarvanel und die arabischen hermetischen Schriften holte er wieder hervor. Astrologenwerkzeug und ein gutes Fernrohr sowie die Tabellen und Meßinstrumente der Astronomie ergänzten die „Hexenküche", zu der außer ihm niemand Zutritt hatte. Er, der wenig Schlaf fand und auch wenig brauchte, ahnte wohl, daß seine Lebensspanne nicht allzu lang sein würde. Deshalb arbeitete er die Nächte durch.

Aus dieser Zeit stammen die ersten schriftlichen Zeugnisse über Nostradamus' prophetische Gabe: Er veröffentlichte einen jährlichen Almanach mit geschickt verborgenen Vorhersagen und später auch die sogenannten „Prédictions", in denen er teils in Prosa und unverschlüsselt die nahe und ferne Zukunft voraussagt. Ein Teil dieser Schriften ist über die Jahrhunderte verlorengegangen, einen Teil hat er selbst vernichtet, ein weiterer Teil wurde gefälscht von neidischen Zeitgenossen, die den Seher in Mißkredit bringen wollten. Der erhaltene und veröffentlichte Teil besteht daher nur aus Bruchstücken. Im dritten Teil dieses Buches sind Almanach-Vorhersagen mitverarbeitet, von denen man annehmen darf, daß sie echt sind und tatsächlich auf Nostradamus zurückgeführt werden können.

Nostradamus hatte ein Schlüsselerlebnis, bei dem ihm selbst klar wurde, daß er seherische Gaben besaß. Dieses mysteriöse Erlebnis hat er selbst bei verschiedenen Gelegenheiten geschildert, und zwar in Versionen, die im Detail jeweils leicht voneinander abweichen, gleichwohl aber einen gemeinsamen Kern enthalten. Offenbar hat er in seiner Alchimistenküche Schriften verbrannt, von denen er nicht wollte, daß sie der Inquisition in die Hände fielen. Bei dieser Gelegenheit scheint es zu einem Berufungserlebnis gekommen zu sein. Er schreibt (hier der altfranzösische Originaltext):

„Combien que plusieurs volumes qui sont esté cachés par longs siècles me sont esté manifestés. Mais doutant ce qui adviendroit en ay faict, après lecture, présent á Volcan, que pendant qu'il les venoit à dévorer, la flamme leschant l'air rendoit une clarté insolite, plus claire que naturelle flamme, comme lumière de feu de clystre fulugrant, illuminant subit la maison, comme sie elle fust esté en subite conflagration. . .“

Er beschreibt, daß er beim Verbrennen jahrhundertealter, offensichtlich okkulter Schriften, die er gelesen hatte und von denen er nicht wollte, daß sie in die falschen Hände gerieten, einen Lichtschein wie einen Blitz wahrnahm, der das ganze Haus erhellte, als stünde es in Flammen. Ähnliche Lichterlebnisse werden bei biblischen Berufungserlebnissen geschildert. Etwa bei Moses oder bei Paulus, nach dem solche „Erleuchtungen“ seither als „Damaskuserlebnis“ bezeichnet werden.

Im Laufe der Zeit gebar ihm seine Frau sechs Kinder. Drei Söhne und drei Töchter. Während der erstgeborene Sohn Cäsar ein berühmter Gelehrter wurde und hochgeehrt starb und der jüngste sein Leben als Kapuzinermönch fristete, wollte der zweite, der wie sein Vater Michel hieß, den Ruhm seines Erzeugers noch übertreffen. Er wurde Astrologe. Als während der Hugenottenkriege die Stadt Pourzin belagert wurde, sagte er voraus, sie werde in einem flammenden Inferno untergehen. Nichts dergleichen geschah. Da griff er verzweifelt zur Selbsthilfe, legte mit eigener Hand Feuer, um seine Voraussage wahrzumachen. Dabei wurde er gefaßt. Michel Nostradamus der zweite endete als Brandstifter auf dem Schafott.

Dieses Schicksal in der eigenen Familie scheint Nostradamus nicht vorhergesehen zu haben, sonst hätte er seinen Sohn wohl von dem verhängnisvollen Weg abgehalten. Freilich sagte Nostradamus selbst über die Qualität seiner Vorhersagen, daß sie auf jeden Fall einträfen, ähnlich wie die Sprüche des griechischen Orakels, und daß man seinem Schicksal nicht entfliehen könne, so weit man auch laufe.

Nostradamus hatte seine Gesichte bei Nacht während eines seltsamen Rituals. Wenn man ihn richtig deutet, stieg er dazu auf das Dach seines Hauses und stellte vor sich ein Gefäß mit Wasser auf. Offenbar benutzte er als Konzentrationshilfe einen Stab oder eine Rute, die er in den Händen hielt. Das Wasser dürfte einmal die Funktion der Kristallkugel gehabt haben, die viele Okkultisten auch heute noch benutzen. Zum andern führte er damit auch einen magischen Ritus aus.

Nostradamus beschreibt das Ritual, mit dem er sich offenbar selbst in Trance versetzte, so:

„Sitzend bei Nacht über geheimen Studien – alleine ruhend auf dem ehernen Schemel (Dreifuß). Eine schwache Flamme steigt aus der Einsamkeit und läßt hervortreten, was kaum zu glauben ist.

Die Rute in der Hand wird gestreckt zur Mitte der Arme des Dreifußes. Im Aufwallen sind benetzt Fuß und Gewand. Eine Stimme – Furcht. Zitternd die Arme. Göttlicher Glanz. Die Gottheit nimmt in der Nähe Platz.“

Der Originaltext enthält Zweideutigkeiten und Wortspiele, die dem geistreichen Stil der Zeit entsprechen. So kann man statt „Arme des Dreifußes“ herauslesen „Reich des Branchus“. Branchus war ein griechischer Seher, der Begründer des Orakels von Milet. Das ist eine Anspielung auf den Stellenwert, den Nostradamus sich selbst gab. Er fühlte sich in der Tradition der antiken Seher.

Das Leben des Nostradamus hat eine erneute Wende genommen. Seine „geheimen Studien“, wie er die Séancen mit sich selbst nennt, nehmen nun den wichtigsten Teil in seinem Leben ein.

Er beschränkt sich jedoch nicht darauf, die nächtlichen Gesichte des Morgens, wenn er noch benommen ist von dem Erschauten, in fliegender Eile niederzuschreiben. Er, der Sterndeuter und Mathematiker, macht sich daran, den Sinn seiner Visionen mit Hilfe der Astrologie zu deuten und auf Wahrscheinlichkeit zu überprüfen. Er legt sogar die genauen Jahreszahlen der von ihm vorausgesehenen Ereignisse anhand astrologischer Berechnungen fest.

Dabei durchstreift sein suchender Geist sieben Jahrtausende. Er rechnet nämlich die Zeit „seit Erschaffung der Welt". Und das war nach damaliger kabbalistischer Auffassung im Jahre 5000 vor Christus. Hier beginnt die kabbalistische Zeitrechnung. Demnach würden wir uns augenblicklich in den achtziger Jahren des siebten Jahrtausends befinden.

Ein wichtiger Teil der Voraussagen betrifft gerade das Ende des „siebten Jahrtausends" und den Beginn des achten, also unsere Gegenwart. Nostradamus scheint überzeugt zu sein, daß dann die große Zeitenwende kommen wird, daß sich alles erfüllt und daß Zeichen geschehen, welche das alles ankündigen sollen. Zweiter Weltkrieg und Holocaust waren Bestandteil dieser Vorzeichen. Atom- und Umweltgefahr sind ein weiterer.

Nostradamus vergleicht jedoch nicht nur mit den Zahlen der Astrologie. Er vergleicht auch mit den alten Schriften, den Weissagungen der biblischen Propheten, der Rabbinen, der Gnostiker und der alten arabischen und asiatischen Schriften. Eine wichtige Unterlage für ihn scheint das Buch „De Mysteriis Egyptorum" gewesen zu sein, aus dem er häufig zitiert.

Nostradamus, einst der kritische, wägende, forschende Geist, der mit der Kraft des Verstandes hinter die letzten Geheimnisse zu dringen versuchte, ist ganz zum Mystiker geworden, ganz zum Werkzeug des Geistes, der ihn beseelt. Auch sein Wissen und seine Kenntnisse stellt er völlig in den Dienst seiner Gesichte und Visionen.

Jean-Aymes de Chavigny, der Bürgermeister von Beaune, gerät in den Bannkreis des Sehers. Im Jahre 1554 gibt er sein öffentliches Amt ganz auf und übersiedelt in das Haus an der Place de la Poissonnerie in Salon. Er wird der Famulus von Nostradamus. Chavigny verdanken wir, daß das Leben des großen Mannes überhaupt in groben Zügen skizziert und sein Hauptwerk, die „Centurien", veröffentlicht wurde. Leider sind auch von seinen Schriften die meisten verschollen oder tauchen hier und da an den unwahrscheinlichsten Stellen wieder auf.

Freilich gibt es auch die vielleicht nicht ganz unbegründete Vermutung, daß Chavigny ein Geheimagent des Vatikans gewesen sei, der sich auf diese Weise in den Besitz von Geheimaufzeichnungen des Nostradamus gebracht habe. Auf jeden Fall war Chavigny ein Mann, der auch der Kirche nahestand. Einen verschwiegenen Auftrag eines päpstlichen Legats hätte er wohl kaum abzulehnen gewagt. Ein Anhaltspunkt für diese Vermutung ist die Tatsache, daß der langjährige Famulus, gelehrige Schüler und Adept in Nostradamus' Testament mit keinem Wort erwähnt wird und daß Nostradamus über seine Schriften nachdrücklich in anderer Richtung verfügt.

Ein Zerwürfnis zwischen Lehrer und Schüler? Ein Zerwürfnis weswegen? Hatte Nostradamus etwa Verdacht geschöpft?

Gleichwohl befand sich Chavigny nach Nostradamus' Tod im Besitz seiner wesentlichen Schriften. Er muß also rechtzeitig Kopien angefertigt haben.

Nostradamus selbst hat dafür gesorgt, daß seine Prophezeiungen erst verstanden werden, wenn die Ereignisse, die er voraussagt, bereits eingetreten sind. Der klare Blick in die Zukunft sollte den Zeitgenossen verwehrt bleiben. Es scheint, als wollte Nostradamus in die Geschichte eingehen als der Mann, der recht behalten hat. Seine Rede, seine Anagramme, seine Verse sind dunkel. Aber nur so lange, bis sie sich von selbst aufklären, indem sie geschehen. Was könnte auch die jeweils lebende Generation mit Namen und Begriffen anfangen, die erst in der Zukunft auftauchen?

Nostradamus hat so sorgsam alles verschlüsselt, daß es bis heute unmöglich war, den Code zu brechen. Auch nicht mit Hilfe von modernen Computern, in die man ja unmöglich das Geheimwissen der Kabbala und der hermetischen Schriften einspeichern konnte, deren sich Nostradamus bediente. Computer sind dagegen in der Lage, etwas über die Struktur und die Methode auszusagen, wie wir noch sehen werden.

Jetzt da die meisten seiner Prophezeiungen Wirklichkeit geworden sind und sich die große Zeitenwende ankündigt, von der er sprach, jetzt nachdem das astrologisch berechenbare „Zeitalter der Fische" zu Ende geht, das der Hauptgegenstand seiner Voraussagen ist, wird es spannend. Zusammen mit den nachgelassenen Prosaschriften und im Vergleich mit anderen prophetischen Aussagen kann man sich an eine Analyse der kommenden Jahre heranwagen, freilich ohne Verbindlichkeit in der zeitlichen Reihenfolge.

Ganz sicher war auch Famulus Chavigny nicht klüger als seine Zeitgenossen, sofern es den künftigen Wahrheitsgehalt von Nostradamus' Voraussagen betraf. Selbst dann nicht, wenn er tatsächlich, wie wir jetzt annehmen müssen, im Besitz der unverschlüsselten Originale war. Das heißt, in der Form, wie Nostradamus seine Gesichte „am Morgen danach" selbst hastig niederschrieb, ehe er sie astrologisch auswertete, damit auch zeitlich bestimmte und sie schließlich in Versform niederschrieb und verschlüsselte.

Das Verschlüsseln der Texte dürfte anschließend die meiste Arbeit gemacht haben, auch wenn er dabei nach einem bestimmten System vorging und mit der Routine eines Kreuzworträtselautors. Es muß ihm auch einen Heidenspaß gemacht haben, Namen durch Anagramme umzustellen, und man kann sich regelrecht die verschmitzte Vorfreude auf seinem Gesicht vorstellen, wenn er an das „Aha-Erlebnis" derjenigen dachte, die nachträglich herausfinden mußten, was er meinte. Er muß auch vorausgesehen haben, daß die Menschen zu allen Zeiten versuchen würden, seine Vierzeiler zu deuten. Er hat es nämlich fertiggebracht, Ereignisse und Personen so zu schildern, daß sie ungefähr auch auf andere Ereignisse und Personen zutreffen könnten. Erst später, nämlich dann, wenn alles haargenau eingetroffen ist, wird es möglich sein, den wirklich passenden Vierzeiler für das richtige Ereignis zu finden und damit frühere Irrtümer zu entlarven und lächerlich zu machen.

So hat man zum Beispiel lange seine Verse über einen gewissen Hadrie dem französischen König Henri IV. zugeschrieben, ehe die Ereignisse späterer Jahrhunderte eindeutig die Beziehung zu Hitler herstellten. Auch der Name Hister, der öfter vorkommt, wurde lange auf das lateinische Wort Ister für Donau bezogen, ehe die Wirklichkeit klarmachte, daß wiederum nur Hitler gemeint sein konnte. Das Wort ist übrigens eine falsche Übertragung aus Nostradamus' Handschrift, der ursprünglich das Anagramm *Hilter* schrieb. Das l wurde für ein langes s mißdeutet. Der Bezug war so klar, daß sogar der Zyniker Goebbels überzeugt war, daß hier nur „sein Führer" angesprochen sein konnte. Er nutzte es in seiner Propaganda denn auch weidlich aus, indem er nur die Verse veröffentlichen ließ, in denen Hitler als der große und siegreiche Feldherr aus Germanien apostrophiert wurde. Die übrigen, die den Untergang des Reiches ankündigten, ließ er fälschen.

Die Mächtigen aller Zeiten haben sich seiner bedient – von den Bourbonenkönigen über Napoleon bis zu Churchill und Hitler. Denn allzu leicht läßt sich in seine Verse hineininterpretieren, was den Großen nützt. Bereits zu seinen Lebzeiten versuchten einflußreiche Kreise bei Hofe, ihn für sich zu gewinnen. Nostradamus fürchtete sich jedoch, durch seine Weissagungen in Ungnade zu fallen, und hielt sich lange Zeit dem Hof fern.

In diesem Zögern zeigt sich das ganze Dilemma des Sehers: Es war ihm unmöglich, nur Gutes vorherzusagen. Andererseits durfte er die Menschen nicht durch die Vorhersage kommenden Unheils zu sehr verschrecken. Und dann: Wie durfte er denn die eigene Position sehen? Kam es ihm darauf an, daß man ihm glaubte, dann mußte er ja für möglich halten, daß die Menschen aufgrund seiner Warnungen ihr Verhalten änderten und so die geweissagte Zukunft veränderten. Dann aber würde die Weissagung ja nicht mehr stimmen. Er würde damit zum Lügner. Nostradamus war zutiefst davon überzeugt, daß weder der einzelne noch die Menschheit ihrem Schicksal entrinnen könne. Eine Vorhersagung konnte für ihn also gar nicht den Charakter einer Warnung haben, konnte auch niemals eine Mahnung zur Umkehr sein. Sein Anliegen war es vielmehr, die Menschheit auf das Ende aller Zeiten, auf das große Strafgericht vorzubereiten, indem er nachträglich bewies, daß alles, was er sagte, der Wahrheit entsprach. Er mußte also orakelhaft unklar bleiben. Erst fünfhundert Jahre nach seiner Zeit würde alles offenbart sein, der Schlüssel gefunden, und dann müßte man sehen, daß wirklich alles gestimmt hatte.

Der entsprechende Vierzeiler (Centurie III, 94) lautet:

De cinq cens ans plus compte l'on tiendra
Celui qu' estoit l'adornement de son temps:
Puis à un coup grand clarté donra
Que par ce siècle les rendra tres contents.

Sinngemäß übersetzt bedeutet das: In fünfhundert Jahren wird man ihm Aufmerksamkeit schenken, ihm, der die Zierde seiner Zeit gewesen ist. Dann wird schlagartig alles erhellt werden. Und die Menschen jenes Jahrhunderts werden froh darüber werden.

Nostradamus will also nicht zu jenen Propheten gehören, die am Ende eines Jahres ins nächste Jahr vorausschauen. Er ist kein Wahrsager, sondern ein Prophet. Er sieht das Zeitenende nicht wie die meisten Apokalyptiker für die nächste Zukunft. Er will nichts, er mahnt nicht. Er sieht. Und er sieht fünfhundert Jahre voraus. Man hat errechnet, daß Nostradamus' Voraussagen im Juli des Jahres 1999 ein vorläufiges Ende finden, sich aber für eine spätere Zeit auf einer höheren Ebene fortsetzen. Jede Jahrhundert- oder Jahrtausendwende hat Propheten auf den Plan gerufen, die das nahe Weltende voraussagten. Und wie wir wissen, steht die Welt noch heute. Die Jahrtausendwende, die sich am 31. Dezember 1999 vollzieht, nimmt hier jedoch eine Ausnahmestellung ein: Schon zu biblischen Zeiten haben die Propheten und nach ihnen viele Mystiker, Gnostiker und Seher auf dieses offenbar magische Datum hingewiesen. Es markiert wie erwähnt, nach mystischer Auffassung das Ende des 7. Jahrhunderts nach Erschaffung der Welt. Freilich nur dann, wenn man den christlichen Kalender zugrunde legt.

Tatsächlich scheint noch zu keiner Zeit eine Weltkatastrophe wahrscheinlicher gewesen zu sein als gerade jetzt zu Ende des Jahrtausends. Niemals zuvor war die Menschheit in so großer Gefahr, ihre eigenen Lebensgrundlagen und sich selbst zu zerstören. So gesehen gewinnen die Prophezeiungen des Michel de Nostredame ein ganz besonderes Gewicht. Und die weltweite Nostradamus-Renaissance zeigt, daß die Menschen sehr wohl an ein Weltende zu glauben geneigt sind.

Der Schriftsteller

Doch kehren wir zurück in die Zeit des Nostradamus, in die Mitte des 16. Jahrhunderts nach Salon-de-Craux, in das kleine provencalische Städtchen, in dem der berühmte Pestarzt wohnt, der sich des Nachts seltsamer Praktiken bedient.

Vielleicht ist er gar ein Hexer, ein Mann, der mit dem Teufel im Bunde ist? beginnen sich die Nachbarn zu fragen. Dieses Gerücht hat Nostradamus ein Leben lang verfolgt.

Er zog sich zurück aus dem öffentlichen Leben des Städtchens. Gleichzeitig begann er damit, seine wahre Tätigkeit zu verschleiern, indem er eine Reihe von Büchern und Broschüren veröffentlichte, die nichts mit Astrologie und schon gar nichts mit Magie zu tun hatten.

Er erinnerte sich nämlich an seine Studien über Kosmetik und Schönheitspflege, an seine Erfahrungen, die er in den Apotheken und Kräutergärtlein der Mönche gesammelt hatte, und der zahlreichen Rezepte für Süßspeisen, die er gesammelt hatte.

Eines der Bücher, die alle im Jahre 1552 erschienen sind und bis vor kurzem verschollen waren, befaßt sich mit Schminke und Schönheitspflege, das zweite mit Liebestränken und das dritte mit der Herstellung verschiedener Konfitüren mit Hilfe von Zucker, Honig und gewürztem Wein.

Eine vollständige Ausgabe der Schriften, in deren Besitz wir durch einen jener Zufälle geraten sind, denen dieses Buch seine Entstehung verdankt, harrt einer künftigen Neuveröffentlichung. Hier nur einige Auszüge.

Beim ersten Beispiel geht es um eine Creme, welche der Gesichtshaut die damals vornehme Blässe verleiht.

SCHMINKE

„Zurichten von Sublimat zur vortrefflichsten Schminke und Weißpaste für das Gesicht, welche man herstellen kann, die den Teint so weiß macht wie Schnee, ohne der Haut zu schaden, sie zu spannen, noch die Zähne zu verderben oder sie faulen zu lassen; sondern dem Gesicht unübertrefflich natürliche Frische verleiht, so daß bei einer Frau, sei sie brünett, sommersprossig, fetthäutig oder selbst fünfundfünfzig Jahre alt, Stirne und Wangen wie im Alter von zwölf Jahren erscheinen.

Man nehme sechs Unzen Sublimat, tue es in einen gut sauberen Mörser von Marmor, zerstampfe es mit einem Holzstößel, reibe und zermahle es an einem zugfreien Ort über fast einen ganzen Tag. Wenn es so fein ist wie feingemahlenes Mehl, füge man den Speichel einer Person hinzu, die drei Tage nur Knoblauch und Zwiebeln, indes mitnichten Essig oder Saft von sauren Trauben zu sich genommen, und verrühre ihn alsbald. Weiters füge man hinzu reines Quecksilber, durch ein sehr dickes, sauberes Tuch von weißer Wolle gedrückt; Blei und Zinn sechs Drachmen, was das Gewicht ist von sechs Gold-Ecus; sowie drei Gran Silberstaub. Dann stoße man alles zusammen lange und mit Kraft, füge noch mehr Speichel einer fastenden Person hinzu, bis die Paste ganz weiß wird . . . Und damit sie nach sieben Tagen untadelig sei, muß immer wieder Speichel eingerührt werden; weder Eisen noch Kupfer darf sie berühren, sondern alles, außer dem Mörser, sei aus Holz. Wenn sie gut durchfeuchtet ist, und das Quecksilber sich gut verbunden hat, tue man sie nach dem Mittagsmahl an die Sonne zum Trocknen. Die Sonne und das feste Schlagen sind vonnöten, um die Weiße zu verleihen, die sie braucht."

Nun folgt ein Liebestrank:

LIEBESTRANK

„Man nehme drei Alraunäpfel, bei Sonnenaufgang gepflückt, wikkele sie in Eisenkrautblätter . . . und lasse sie liegen bis zum nächsten Morgentau. Dann nehme man sechs Gran Magnetstein von dem Teil, der kein Eisen anzieht, und auf Marmor feinstens zerrieben, und benetze ihn ein wenig mit dem Saft der Alraunäpfel. Dann nehme man von sieben männlichen Sperlingen das Blut, das aus dem linken Flügel geflossen; siebenundfünfzig Gran grauen Bernstein; dreihundertsiebenundsiebzig Gran vom Innern des besten Zimmets, den man finden kann; fünfhundert Gran *calamus odoratus*; siebenhundert Gran illyrische oder slavische Iris; einunddreißig Gran wilden Sellerie; siebenhundert Gran Kreterwein; was zusammen etwas mehr als eine Unze ergibt. Das Ganze wird in einem Marmormörser mit einem Holzstößel gut zerstoßen und mazeriert und mit einem Silberlöffel herausgenommen. Dann tue man es in ein Glasgefäß und lasse es auf dem Feuer kochen, bis es so sämig ist wie ein Sirup oder Erquickungstrank. Nach dem Kochen presse man das Ganze sorgfältig aus und tue das Ausgepreßte in ein Gefäß aus Gold, Silber oder Glas . . .

Daß niemand es wage, dies tun zu wollen, außer um eheliche Liebe zu erringen, denn es für die betrügerische und lüsterne Liebe zu benutzen, wäre schlechten Gebrauch von seinem Wissen zu machen."

Man müsse, so heißt es weiter, eine kleine Menge des Liebestranks in den Mund nehmen und, mit dem eigenen Speichel vermischt, der geliebten Person in den Mund praktizieren. Alsbald erglühe dieselbe in unlöschbarer Leidenschaft und würde eher den Tod erleiden als darauf verzichten, ihre Leidenschaft mit dem Verabreicher des Tranks zu stillen. Und das war schließlich der zu erreichende Zweck.

Nun noch ein Mittel zum Haarfärben:

MITTEL ZUM HAAREFÄRBEN

„Um Haar, ob schwarz oder weiß, blond zu machen wie Goldfäden ... Man nehme ein Livre fein zerriebener Äste vom Perückenbaum; ein halbes Livre Äste oder Schabsel vom Buchsbaum; vier Unzen junges Süßholz; vier Unzen schön gelber, trockener Orangenschale; je vier Unzen Schellkraut – und *papaver cornutum*-Wurzel; zwei Unzen Blätter und Blüten von *glaucion*; eine halbe Unze Safran; ein halbes Livre fein gehackten Weizen; das Ganze koche man in Lauge aus Holzkohlenasche bis auf die Hälfte ein. Dann gieße man das Ganze ab.

Darauf nehme man einen großen Tontopf und bringe am Boden zehn oder zwölf kleine Löcher an. Dann nehme man Rebholzasche und gebe sie in einen großen Mörser aus Holz oder anderem Material nach Belieben. Die Asche begieße man mit dem Sud, rühre alles gründlich fast einen Tag lang; beim Rühren füge man Roggen- und Weizenstroh hinzu, rühre immer weiter, bis ein großer Teil des Suds aufgenommen ist. Dann gebe man die zerstampfte Asche in den Tontopf; in jedes der besagten Löcher des genannten Topfs stecke man einen Roggenhalm, so daß er herausragt; dann bereite man erst eine Schicht Stroh und eine Schicht Asche, bis der besagte Topf voll ist, und lasse darin ein wenig Raum für den Rest des Suds. Gegen Abend sammle man in einem anderen Topf die Lauge, die durch die Roggenhalme tropft. Will man das Mittel am Morgen benutzen, sehe man nach, was herausgetropft ist, und nehme es. Und nach drei oder vier Tagen wird das Haar so rötlich blond sein wie Dukatengold.“

Und schließlich noch ein unfehlbares und köstliches Rezept zur Herstellung von Kirschenkonfitüre:

REZEPT FÜR KIRSCHENKONFITÜRE

„Man nehme die schönsten Kirschen, die man finden kann und die gut reif sind (denn wenn sie nicht gut reif sind, wird beim Kochen am Ende nur noch der Kern und die Haut übrig sein), und schneide ihnen ein wenig vom Stiel ab, wenn man meint, daß er zu lang ist. Man nehme davon etwa drei Livres. Dann nehme man anderthalb Livres Zucker und löse ihn im Saft von drei oder vier Livres anderer Kirschen auf. Man achte darauf, daß sogleich wenn der Saft austritt, man ihn schnell und unverzüglich auf das Feuer stelle; und daß sich der Saft mit keiner anderen Flüssigkeit vermische. Und man koche ihn so bald wie möglich. Wenn er kocht, schöpfe man den ganzen Schaum ab, der sich darauf bildet. Und wenn man den ganzen Schaum gut abgeschöpft hat und sieht, daß der Zucker rot ist wie das, woher er kommt, und er ganz klar ist, gebe man alsbald, ohne ihn vom Feuer zu nehmen und während er weiterhin kocht, die Kirschen zum Garen hinein, ohne im geringsten umzurühren, bis die Konfitüre fertig ist, wobei man stets den Schaum, der sich darauf bildet, mit einem flachen Löffel entfernt. Man nehme sie nicht eher vom Feuer, als bis sie ganz gekocht ist, und stelle sie nicht mehr darauf. Dann gebe man einen Tropfen davon auf einen Zinnspatel. Wenn der Tropfen nicht fließt, ist das Ganze gut gekocht. Und wenn man festgestellt hat, daß die Konfitüre gut gekocht ist, fülle man sie noch heiß in kleine Gefäße von je drei oder vier Unzen; so wird man schöne, purpurrote ganze Kirschen vom besten Geschmack haben, die sich lange halten.

Ich bin in mehreren und unterschiedlichen Gegenden der Erde gewesen und habe gesehen, wie man sie auf eine oder andere Art macht, so daß, wollte ich alles schreiben, was ich gesehen, das Papier nicht ausreichte. Ich würde sagen, daß man sie im Lande Italien am besten bereitet. Ich habe die Art von Toulouse gesehen usw. Aber ich habe nie schönere, noch bessere gefunden als diese hier . . .“

Der Mann bei Hof

Dergestalt „getarnt“ verfolgte Nostradamus seine Studien weiter. Freilich, nicht alles, was er während der Zeit als zurückgezogener Privatgelehrter niedergeschrieben haben soll, entstammt tatsächlich seiner Feder. So gibt es zum Beispiel die beiden Bücher „Die Prophezeiung von Orval“ und „Die Prophezeiung von Olivarius“, die er angeblich nach einem Besuch des Zisterzienserklosters von Orval in der Diözese Treves hinterlassen haben soll. Diese Werke sind jedoch nachweislich „Nachempfindungen“ des neunzehnten Jahrhunderts.

Wir wissen heute mit Sicherheit, daß Nostradamus mit Hilfe von magischen Büchern arbeitete, allein schon deren Besitz ihn in Lebensgefahr brachte. Hätte die Inquisition nachweisen können, daß er seine Nächte mit Praktiken verbrachte, die er aus diesen Büchern gelernt hatte, dann wären ihm die Folter in den Schreckenskammern des Großinquisitors und der Tod auf dem Scheiterhaufen sicher gewesen. Wir wissen jetzt sogar, *welche* verbotenen Bücher es gewesen sein müssen, das haben unsere vergleichenden Textstudien eindeutig ergeben. Außer dem bereits erwähnten „De Mysteriis Egyptiorum“ des Neo-Platonikers Iamblichus, eines „Heiden“ also nach damaliger Auffassung, arbeitete er mit Sicherheit auch mit dem Lehrbuch der Dämonenbeschwörung „De Demonibus“ des Michael Psellus, einem Werk aus der jüdischen mystischen Tradition. Aber vor allem hat er den sagenhaften „Schlüssel des Salomon“ besessen, vielmehr eine Abschrift dieses uralten magischen Werkes aus der Zeit, da der Tempel des Salomon erbaut wurde, und das noch heute der geheimste Besitz der Hochgradorden der echten magischen Geheimgesellschaften ist.

Dieses Buch soll die Fähigkeit vermitteln, Geister und Dämonen herbeizurufen und ihnen Befehle zu erteilen. Eine Kaiserin von Byzanz hat angeblich ein solches Buch besessen, und bereits der jüdische Geschichtsschreiber Josephus Flavius berichtet im ersten Jahrhundert nach Christus (Josephus erlebte die Zerstörung Jerusalems durch die Römer) von seinem Landsmann Eleazar, der mit Hilfe des Buches Kranke heilte und Wunder tat. Auch Goethe läßt seinen Faust mit Hilfe des Buches Geister beschwören.

Im Jahre 1350 wurde auf Geheiß von Papst Innocenz VI. ein Band des „Schlüssel Salomons" auf einem Scheiterhaufen verbrannt und der Besitz weiterer Kopien mit der Todesstrafe belegt.

So befand sich Nostradamus also in der Situation eines Menschen, der während der Hitlerdiktatur „Feindpropaganda" und Flugblätter der Alliierten besaß und obendrein noch heimlich die BBC unter der Bettdecke abhörte. Kurz, er war in ständiger Gefahr, verraten und abgeführt oder erpreßt zu werden.

Seine Centurien und die übrigen Weissagungen entstanden unter großem äußerem Druck, und das ist ein weiterer Grund, warum er sie verschlüsselt hat – nämlich um ihre gedankliche Verwandtschaft mit magischen und okkulten sowie außerchristlichen Schriften zu verbergen. Das ist ihm jedoch nur ungenügend gelungen, denn wir können noch heute in manchen Fällen sehen, welche Passage aus welchem Buch stammt und auf welche magische Praktik er jeweils anspielt.

So verrät er sich zum Beispiel in dem Ritus mit dem überquellenden Wasserbecken als Schüler des Michael Psellus, der wörtlich folgende Beschreibung bei der Geisterbeschwörung gab:

„Die Beschwörer nehmen ein Becken voll mit Wasser, das geeignet ist für den Gebrauch der Dämonen. Das Becken scheint zunächst zu vibrieren, als wolle es Laute ausstoßen; dennoch unterscheidet sich das Wasser in seinem Aussehen durch nichts von natürlichem Wasser, aber es hat die Fähigkeit, durch die Tugend, die in ihm steckt, Verse zu komponieren, welche in die Lage versetzen, den prophetischen Geist zu empfangen. Da der Dämon launisch, erdgebunden und empfänglich für Vergnügungen ist, wird er in dem Augenblick, da das Wasser Töne von sich gibt, seine Befriedigung dadurch zeigen, daß er Worte ausstößt. Erst scheinbar ohne

Sinn, dann aber, wenn das Wasser kocht und überläuft, wird eine schwache Stimme Worte murmeln, welche die Ereignisse der Zukunft enthüllen."

Soweit der in Latein abgefaßte Textauszug.

Müssen wir da nicht unwillkürlich an den einsamen Nostradamus denken, der in seiner Alchimistenküche über einem Wassergefäß sitzt, das überquillt und ihm „Fuß und Gewand" benetzt, während eine seltsame Furcht ihn packt und die Gottheit nebenan Platz nimmt?

Am 14. Juli 1556 mußte er dann jedoch sein Einsiedlerleben auf höheren Befehl aufgeben: Die Königin verlangte dringend nach ihm, tief beunruhigt durch eine seiner inzwischen veröffentlichten Prophezeiungen:

Le lion jeune le vieux surmontera,
En champ bellique par singulier duelle:
Dans caige d'or les yeux lui crevera,
Deux classes une, puis mourir, mort cruelle.

Der junge Löwe wird den älteren überwinden auf einer Kampfbahn im Einzelduell. In einem goldenen Käfig wird er seine Augen durchstechen – zwei Wunden in einer –, und er wird eines grausamen Todes sterben.

Katharina von Medici, die siebenunddreißigjährige Königin, Gemahlin von König Henri II., hatte guten Grund für ihre Beunruhigung: Der berühmte italienische Seher Gauric, den Katharina aus ihrer italienischen Heimat mitgebracht hatte, sagte dem König voraus, er würde durch ein Duell ums Leben kommen. In einem Brief an Henri II. warnte er ihn: „Vermeiden Sie, Sire, jeden Einzelkampf in einem umschlossenen Raum – vor allem um Ihr einundvierzigstes Lebensjahr herum. Denn in diesem Abschnitt Ihres Lebens sind Sie in Gefahr, eine Kopfwunde zu erhalten, welche rasch zu Blindheit oder sogar Tod führen könnte . . ."

Das zusammen mit dem Vierzeiler des Nostradamus war zuviel für die Königin, die an Magie, Voraussagen und Horoskope glaubte. Das Interesse für okkulte Dinge war in der Familie der Medici Tradition. Keiner der Großen dieser berühmten Familie, der nicht eine Schar von Astrologen und Wahrsagern um sich geschart hätte. Diese Tradition setzte nun Katharina am französischen Hof fort, nachdem sie Henri II. geheiratet hatte.

Dieser Nostradamus mußte her. Er mußte mehr sagen, mußte alles sagen.

Der Ruf der Königin aus dem fernern Paris erreichte den Arzt und Privatgelehrten im provencalischen Salon-de-Craux als Befehl. Er hatte keine andere Wahl, er mußte diesem Befehl folgen, wollte er nicht abermals auf die Flucht gehen.

Bereits einen Monat nach seiner Abreise, nämlich am 15. August 1556, traf er in Paris ein. In früheren Zeiten hatte diese Reise wesentlich länger gedauert. Aber seit Louis XI. die „Poste royale" bis Pont St. Esprit eingerichtet hatte, war die Reise Provence–Paris auf die Hälfte der Zeit verringert worden. Nostradamus nahm Quartier in der „Auberge St. Michel" in der Nähe von Notre Dame.

Schon am nächsten Tag brachte ihn der königliche Constable persönlich zu Hofe. James Laver berichtet über die Begegnung zwischen Katharina von Medici und Nostradamus:

„Er sah vor sich eine noch junge Frau – sie war siebenunddreißig –, eine Frau, die niemals schön gewesen war, mit dicken Lippen, krausem Haar und einem fliehenden Kinn. Aber mit Augen, die intensiv und lebendig waren und einer Haut von bestürzender Weiße. Sie sah in ihm einen Mann des Südens, bärtig und gekleidet mit dem langen Gewand und der viereckigen Mütze eines Arztes, der in einem warmen provencalischen Akzent sprach und mit Gesten, die sie an Italien erinnerten."

Das Gespräch fand unter vier Augen statt, und es wurde auch nachträglich nicht aufgezeichnet. Es dauerte zwei Stunden, und anschließend wies man Nostradamus ein Quartier bei Hofe zu. Er erhielt vom König einhundert Goldstücke und weitere dreißig von der Königin.

Nostradamus blieb nun etwa zwei Wochen in Paris. Man muß

annehmen, schweren Herzens, denn er wußte bereits um das bevorstehende tragische Ende des Königshauses der Valois und um das Schicksal der Kinder von Katharina und Henri II.

In seiner typischen orakelhaften Art sagte er Katharina voraus, daß drei ihrer Söhne Könige würden, verschwieg ihr aber, daß sie es kurz hintereinander würden, und zwar auf ein und demselben Thron. Nämlich auf dem französischen Thron, den sie nach dem tragischen Tod des Vaters kurz nacheinander besteigen würden.

Drei Jahre nach seinem Besuch in Paris sollten dann seine Prophezeiungen beginnen einzutreffen: König Henri hatte seine Schwester Margarete mit dem Herzog von Savoyen verheiratet. Zu den Hochzeitsfeierlichkeiten gehörte auch ein Turnier. Der König forderte den Grafen de Montgomery zu einem Waffengang heraus. Der junge Graf wollte die hohe Ehre zunächst nicht annehmen. Da wurde die erste Prophezeiung des Nostradamus wahr: Die Lanze des Grafen durchstieß das goldene Helmnetz des Königs und drang in sein Auge ein. Henri war schwer verwundet und starb bald darauf an der Verletzung.

Sein Sohn François folgte ihm als François II. im Alter von erst sechzehn Jahren auf dem Thron. Ein Jahr später starb er an einer Infektionskrankheit. Nun folgte ihm der zehnjährige Charles als Charles IX. unter der Regentschaft seiner Mutter. Er starb im Alter von zweiundzwanzig Jahren. Ihm wiederum folgte der dritte Bruder Henri als Henri III., welcher der Magie und dem Okkulten anhing. Er wurde 1598 von einem Mönch ermordet.

Aber hätte Nostradamus der Ehefrau und Mutter dieses grausame Schicksal, an dem doch niemand etwas ändern konnte, unverblümt voraussagen sollen?

Katharina bestand jedoch zunächst darauf, die Horoskope von all ihren Kindern durch Nostradamus aufstellen zu lassen. Er wurde dazu nach Blois beordert, wo die insgesamt sieben Kinder des Königspaares lebten.

Es wird nicht berichtet, wie sich Nostradamus diesmal aus der Affäre zog, denn er mußte sehen, daß auf sechs der sieben Kinder ein grausames Schicksal wartete.

Unmittelbar nach seiner Rückkehr aus Blois nach Paris erhielt Nostradamus den nächtlichen und verschwiegenen Besuch einer „sehr ehrlichen Frau“, wie er es später selber ausdrückte. Diese Frau warnte ihn. Die „Herren von der Justiz“ interessierten sich dafür, auf welche Weise Nostradamus zu seinen Erkenntnissen käme und ob da nicht etwa Magie und Teufelswerk im Spiel sei.

Nun hätte er sich natürlich auf die mächtige Protektion des Hofes verlassen können. Er zog es jedoch vor, noch in derselben Nacht Paris zu verlassen und sich auf den Heimweg nach Salon zu machen. Nostradamus wollte keine unnötigen Risiken eingehen.

In den noblen Kreisen von Paris, in denen seine Ankunft wie eine Sensation gewirkt hatte, war er bald vergessen. Nur Katharina dachte ständig an ihn und sollte ihn einige Jahre später sogar in der Provence besuchen.

Das Ende in Salon

Die Rückkehr nach Salon wurde für Nostradamus zu einem Triumphzug. Seine Mitbürger schämten sich jetzt des kleinlichen Verdachts, den sie gegen ihn gehegt hatten. Ein Mann, der vom König und der Königin empfangen worden war und der sogar in ihrem Palast gewohnt hatte, konnte nicht mit dem Teufel im Bunde sein – und wenn doch, dann war es jedenfalls besser, sich gut mit ihm zu stellen. Jetzt war er mit einem Schlag der Prophet von Salon.

Seine Prophezeiungen, deren erster Teil ein Jahr zuvor in Lyon bei Macé Bonhomme herausgekommen waren und die ersten drei kompletten Centurien sowie 53 Vierzeiler der vierten Centurie enthielten, wurden mit einemmal zu etwas, das man heute Bestseller nennen würde.

Besucher aus Frankreich zuerst und später aus ganz Europa kamen zu seinem Haus, wollten seinen Rat, wollten ihre Zukunft erfahren, wollten sich ihr Horoskop stellen lassen.

Zehn Lebensjahre sollten ihm noch beschieden sein. Diese Jahre waren angefüllt mit zahllosen sozialen Aktivitäten des nun in die Öffentlichkeit zurückgekehrten Mannes. Er stellte Gelder zur Verfügung für den Kanalbau, für die Urbarmachung sumpfigen Geländes und eilte zwischendurch ins Land, von wo ihn Hilferufe wegen ausgebrochener Seuchen erreichten. So zum Beispiel 1557, als ihn die Bürger von Lyon riefen, weil in ihrer Stadt eine Keuchhusten-Epidemie ausgebrochen war. Seine eigene Gesundheit jedoch wurde immer schlechter. Praktisch war er – selber erst Mitte der Fünfzig – ein Invalide. Gicht, Arthritis und Wassersucht plagten ihn. Sein Herz machte ihm zu schaffen, und allmählich stellte er das Reisen ein.

Aber er erfuhr noch eine große Ehre: Die Königin kam seinetwegen in die Provence. Sie brachte ihren Sohn Charles IX. mit, der nach dem Tod von Vater und Bruder jetzt König war. Auf Schloß de L'Emperi wurde er mit großen Ehren empfangen. Das war am 18. Oktober 1564. Der sechzehnjährige König ernannte Nostradamus zu seinem Leibarzt und schenkte ihm 200 Goldstücke. Seine Mutter fügte weitere 100 Goldstücke dazu.

Es war die letzte Ehrung des Sehers, der seiner Zeit so weit voraus war, daß seine Zeitgenossen nur Bruchstücke von dem verstanden, was er meinte, und der selbst für die Menschen kommender Jahrhunderte noch zu modern war.

Bis zum heutigen Tag ist es noch niemandem gelungen, alle seiner Vierzeiler zu entschlüsseln und in die richtige Reihenfolge zu bringen. Alle Versuche sind spekulativ und viele der Deutungen einfach auf den jeweiligen Bedarf zurechtgebogen worden. Noch immer ist die Zeit nicht reif, daß alles erhellt werde, wie der Seher selbst prophezeit hat. Aber da die Frist, die er der abendländischen Kultur einräumt, nur noch knapp zwanzig Jahre andauert, ist der Zugang zu seinen Prophezeiungen leichter geworden.

Nostradamus war indes nicht nur der Künder kommenden Unheils, wie wir noch sehen werden. Er läßt auch uns heute Lebenden eine Chance, sogar über die von ihm für 1999 vorhergesagte Zeitenwende hinaus. Das wüßten wir freilich nicht, hätte er nicht in seinen letzten Lebensjahren auch noch einige Prosaschriften verfaßt, die der Vernichtung entgangen sind.

Am 17. Juni 1566 machte Nostradamus sein Testament, denn er fühlte sein Ende nahen. Mit der Betrauung seiner Schriften beauftragte er seinen Sohn Cäsar, dem er auch sein geistiges Testament gewidmet hat, dessen Wortlaut im nächsten Kapitel folgt.

An Barvermögen hinterließ er die beträchtliche Summe von 3444 Goldkronen.

Am ersten Juli 1566 schickte er nach Bruder Vidal. Der Mönch hörte seine letzte Beichte und versah ihn mit den Sterbesakramenten der Kirche. Obwohl es ihm an diesem Tag gesundheitlich gut ging, wußte der Seher, daß er die Nacht nicht überleben würde.

Chavigny berichtet: „... und den Tag, bevor er dieses Leben

für das andere vertauschte, hatte ich ihm für eine beträchtliche Zeit assistiert. Und als ich ihn schließlich zu später Nachtstunde verließ, sagte er diese Worte zu mir: ‚Ihr werdet mich zu Sonnenaufgang nicht mehr am Leben finden.'"

Lange vorher hatte er – in visionärer Sicht des eigenen Todes – die folgenden Verse verfaßt (Présages CXLI):

De retour d'Ambassade, don de Roy mis au lieu,
Plus n'en fera, sera allé à Dieu
Parens plus proches, amis, frères du sang,
Trouvé tout mort près du lit et du banc.

Übersetzt bedeutet das:
„Nach der Rückkehr von offizieller Mission (er war als Repräsentant von Salon in Arles gewesen, wo er eine königliche Spende abgeholt hatte), die Gabe des Königs verwahrt, gibt es nichts mehr zu tun. Er wird zu Gott gehen. Die nächsten Verwandten, die Freunde, die Blutsbrüder finden ihn gänzlich tot. Nahe bei Bank und Bett."

Und in der Tat: Am Morgen des zweiten Juli 1566 findet man ihn tot auf einer Bank sitzend, die er sich angefertigt hatte, um mit seinem massig und unbeholfen gewordenen Körper besser ins Bett steigen zu können. So wurde auch diese Prophezeiung wahr.

Michel de Nostredame, genannt Nostradamus, war nur zweiundsechzig Jahre alt geworden. Als einziger Prophet des Abendlandes sollte er in die Geschichte eingehen.

Noch am selben Tag wurde er in der Kirche „des Cordeliers" aufgebahrt. Sein Leichnam war umgeben von Kerzen, neben ihm Bücher und ein Schreibpult. Nostradamus starb an einem Marienfest, das seinen Namen trug: Man feierte das Fest „Visitation de Notre-Dame", während der Seher mit geschlossenen Augen und gefalteten Händen auf der Bahre lag. Flankiert von seinen engsten Freunden, Jacques Suffren von Salon und Palmède Mark, Sieur von Châteauneuf, welche die Totenwache hielten.

Wie er verfügt hatte, wurde sein Totenschrein neben dem

Hauptportal der Kirche in eine Nische eingelassen. Auf die Steinplatte, die das Grabgelaß verschloß, ließ die Witwe die folgenden Worte meißeln:

„Hier ruhen die Gebeine des allerberühmtesten Michel Nostradamus, der einzige, der, nach dem Urteil aller Sterblichen, würdig war, mit beinahe göttlicher Feder und unter dem Einfluß der Sterne über die künftigen Ereignisse der ganzen Welt zu schreiben. Er lebte zweiundsechzig Jahre, sechs Monate und siebzehn Tage. Er starb zu Salon im Jahre 1566. Möge die Nachwelt nicht seine Ruhe stören.
Anne Ponsart Gemelle, seine Frau, wünscht ihrem Gatten die wahre Seligkeit."

Bald darauf erhob sich das Gerücht, Nostradamus sei nicht wirklich tot. Vielmehr habe er sich selbst in ein magisches Kabinett eingemauert, um seine Prophezeiungen zu vollenden. Viele legten ihr Ohr an den Grabstein und bildeten sich ein, drinnen verstohlene Laute zu vernehmen. Aber niemand war tapfer genug, das Grab zu öffnen. Man dachte auch an einen Fluch des Nostradamus: „Wer das Grab öffnet und nicht sofort wieder verschließt – Übel soll ihm widerfahren!" Nostradamus hatte wohl vorausgesehen, daß sein Grab eines Tages geschändet würde. In einem Lederbeutel auf seiner Brust ruhte außerdem ein Pergament mit seiner bereits zitierten allerletzten tödlichen Prophezeiung: „Tod und Verderben dem Mann, der heute meine Ruhe stört!" Am Tag, nachdem der revolutionäre Jakobiner – 225 Jahre nach Nostradamus' Tod – die Gruft geöffnet und die Gebeine des Sehers zerstreut hatte, fand man den Grabschänder in einem Gebüsch in der Nähe von Lancon. Erschlagen von seinen eigenen Leuten.

Das Testament

Nostradamus hat ein geistiges Testament hinterlassen. Dieses Testament ist enthalten in der Vorrede zu seinem Hauptwerk, den Centurien. Gewidmet seinem Sohn Cäsar, als dieser erst zwei Jahre alt war.

Cäsar war der älteste Sohn Nostradamus' und wurde geboren im Jahre 1553, als der Seher schon fünfzig war. In diesen Sohn setzte der Vater alle Hoffnungen. Ihm widmete er auch seinen gesamten schriftlichen Nachlaß.

Nostradamus' Hoffnungen wurden nicht enttäuscht. Cäsar wurde ein berühmter Maler – das beste Porträt des Sehers Michel Nostradamus stammt von ihm. Außerdem machte er sich einen Namen als Historiker und Schriftsteller. Von ihm stammt die berühmte „Geschichte der Provence", erschienen in Lyon im Jahr 1614, sowie eine Reihe von Gedichtbänden und Geschichtsbüchern.

König Ludwig XIII. verlieh ihm den Adelstitel und holte ihn als Kammerherrn nach Paris.

Hochgeehrt starb er mit sechsundachtzig Jahren in St. Rémy, dem Geburtsort seines Vaters.

Die „Vorrede an Cäsar" wird häufig zitiert und ebenso häufig falsch. Die Interpretationen der schwierigen Übersetzung sind so zahlreich wie mißverständlich. Wir bringen daher zum erstenmal eine vollständige Übersetzung dieser wichtigen Schrift ohne jeglichen Zusatz und ohne Manipulation. Es bleibt dem Leser überlassen, wie er die dunklen Passagen deutet, die so schwer gar nicht zu verstehen sind, wenn man versucht, sich in den Geist der damaligen Zeit zu versetzen, und bedenkt, daß auch ein Nostradamus nur in den Begriffen seines Jahrhunderts denken konnte und zum Beispiel die Vision eines Flugzeugs oder einer Rakete nur in damals vorhandenen Worten niederzuschreiben vermochte. Und natürlich hat Nostradamus recht, wenn er schreibt: „Es bleibt künftigen Zeiten vorbehalten, dies alles zu verstehen."

„Meinem Sohn Cäsar Nostradamus,
Gesundheit und Glück!
Deine späte Ankunft in dieser Welt, mein Sohn Cäsar Nostradamus, hat mich dazu gebracht, die Erkenntnisse vieler langer durchwachter Nächte niederzuschreiben. Mögen sie Dir nach dem Dahinscheiden Deines Erzeugers ein Andenken sein und der gesamten Menschheit Nutzen bringen, denn es handelt sich um Dinge, die das göttliche Wesen mir durch die Wissenschaft vom Lauf der Gestirne enthüllt hat. Es hat der unsterblichen Gottheit gefallen, Dich in diesem Erdental mit besonderen Geistesgaben auszustatten; doch ich will jetzt nicht von den späteren Jahren sprechen, die Du noch durchleben wirst, sondern von Deiner Jugend, in der Dir noch der Verstand fehlen wird zu begreifen, was ich zwangsläufig mit meinem Tode zurücklassen muß. Ich habe jedoch eingesehen, daß es unmöglich ist, Dir all das in schriftlicher Form zu hinterlassen, was von der Vergänglichkeit der Zeit ausgelöscht zu werden droht: Der Schlüssel zu den geheimnisvollen Weissagungen wird für immer in meinem Busen verschlossen bleiben.

Ich bin mir auch darüber im klaren, daß die abenteuerlichen Wege menschlichen Geschickes ungewiß sind; alles wird gelenkt und beherrscht von dem unergründlichen Willen Gottes. Er erleuchtet und begeistert uns – nicht wie die Trunkenheit, die der Wein uns gibt, nicht wie plötzliche Anfälle von Wahn, sondern durch Wahrheiten, die der Lauf der Gestirne uns offenbart. Allein der göttliche Wille läßt Weissagungen aus der Inspiration zu.

Seit langem schon und zu wiederholten Malen habe ich weit im voraus Ereignisse geweissagt, die seither in bestimmten Gegenden eingetroffen sind. All das habe ich der Kraft göttlicher Eingebung zugeschrieben, ebenso wie andere glückliche oder schlimme Geschehnisse, deren unerwartetes Eintreffen ich angekündigt hatte und die sich in den verschiedenen Breiten dann ereigneten. Eigentlich wollte ich schweigen; denn diese Zeiten und zu großen Teilen auch die Zukunft lassen mir nicht Gerechtigkeit widerfahren. So habe ich darauf verzichtet, gewisse Dinge niederzuschreiben, weil die Länder, die Parteien und die Religionen sich so tiefgreifenden, ja ihrem heutigen Zustand direkt entgegengesetzten Änderungen unterwerfen müssen, daß meine Berichte von der Zukunft den Männern in den Regierungen, in den Parteien und in den Glaubensgemeinschaften unglaubwürdig klingen würden. Sie würden unweigerlich als falsch verdammen, was man in künftigen Jahrhunderten sehen und erkennen wird. Ich habe mir auch einen Satz des wahren Erlösers zu Herzen genommen: ‚Ihr sollt den Hunden keine Heiligtümer geben, und eure Perlen sollt ihr nicht vor die Säue werfen, auf daß sie sie nicht zertreten mit ihren Hufen und sich schließlich gegen euch wenden.' Diese Worte waren mir Grund genug, vor dem gemeinen Volke den Mund zu verschließen und meine Feder vom Papier zu nehmen.

Sodann wollte ich mich verbreiten über die beginnende Herrschaft des Volkes, das mittels zweifelhafter und geheimer Methoden an die Macht gelangt.

Die bedrückendsten zukünftigen Ereignisse unter denen, die ich sah, zum Beispiel eine Wandlung des Menschen, die sich noch fortsetzen könnte, wird auch empfindsame Ohren nicht beleidigen durch die verschlüsselte und mehr als prophetische Form, in die ich sie gekleidet habe: In der Tat, ‚ihr habt es den Gelehrten und den Philosophen verborgen, ebenso den Mächtigen und den Königen, den Kleinen und Niedrigen hingegen habt ihr es entdeckt'; ebenso den Propheten, die vom unsterblichen Gott und den Engeln die Gabe der Weissagung erhalten haben, mit deren Hilfe sie die Dinge in der Ferne erkennen und die künftigen Ereignisse vorherzusehen vermögen – denn nichts kann sich vollenden ohne Ihn. Gegenüber den Propheten sind Seine Güte und Seine Größe so unermeßlich, daß zu der Zeit, in der sie ein Thema ganz in Anspruch nimmt, alle anderen Dinge dieser Welt gleichermaßen vom guten Geist durchdrungen sind. Die Wärme und die Fähigkeit zur Vorausschau geht auch auf uns über; ebenso wie die Strahlen der Sonne uns treffen und ihre Kraft auf wesenhafte und unwesenhafte Körper einwirken lassen.

Was uns betrifft, die wir sterblich sind: Wir können mit unserem natürlichen Wissen und kraft unserer Intelligenz nichts erkennen von den verborgenen Geheimnissen Gottes, des Schöpfers. ‚Weil es uns nicht zusteht, die Zeiten und die Ereignisse im voraus zu kennen . . .‘ Dennoch können in der Gegenwart Personen auftauchen, denen Gott, der Schöpfer – in Übereinstimmung mit der göttlichen Astrologie – durch bildhafte Eindrücke gewisse Geheimnisse der Zukunft entschleiern wollte, ebenso wie Dinge der Vergangenheit. Eine gewisse Macht und Willenskraft geht von ihnen aus; die Gesichte erscheinen wie eine Feuerzunge, so daß sie in Augenblicken der Eingebung im Stande sind zu verstehen, wie göttliche und menschliche Dinge sich zueinander verhalten. Denn die göttlichen Werke sind völlig absolut und vollenden sich durch die Hand Gottes. Das bedeutet: Die Mitte befindet sich zwischen den Engeln auf der einen Seite und der dritten Dimension, dem Bösen, auf der anderen.

Aber ich spreche mit Dir jetzt auf eine etwas zu geheimnisvolle Weise, mein Sohn. Was die geheimen Weissagungen angeht: Man kann sie durch den zarten Geist des Feuers empfangen, der zuweilen das Erkenntnisvermögen schärft. Ich habe das getan bei meinen Nachtwachen in Augenblicken bewundernden Staunens, wenn man den höchsten der Sterne betrachtet. Ich schrieb einen Strom von Worten nieder, Vorhersagen, ohne die Angst, in üble Geschwätzigkeit zu verfallen.

Nun, all das entspringt der göttlichen Allmacht des großen, ewigen Gottes, von dem alle Güte ausgeht. Und wenn ich hier das Wort ‚Propheten‘ eingeführt habe, glaube mir, mein Sohn, dann will ich mich nicht mit einem heute so überaus erhabenen Titel schmücken. Denn: ‚Wer heute Prophet genannt wird, ward ehedem Seher geheißen.‘ Prophet ist im eigentlichen Sinne derjenige, der weit in der Zukunft liegende Dinge sieht, aufgrund des natürlichen Wissens um jegliche Kreatur. Und es kann geschehen, daß die vollkommene prophetische Erleuchtung deutlich sichtbar die göttlichen und die menschlichen Dinge zu Tage treten läßt; das ist nicht anders möglich, weil die Auswirkungen der Vorausschau sehr weit reichen.

Die Geheimnisse Gottes sind ansonsten aber unbegreiflich; und das alles bestimmende Prinzip, das angesichts des langen Zeitraums, der für eine normale Erkenntnis erforderlich wäre, seinen direkten Ursprung in dem freien Willen findet, läßt Dinge erscheinen, die den Auguren der Menschheit nicht das nötige Wissen vermitteln, sie zu entdecken. Das gleiche gilt für jedes andere Geheimnis unter unserem Himmel, da die Gegenwart nur ein Teil der gesamten Ewigkeit ist, die den Lauf der Zeit in sich einschließt. Indes: Dank dieser unteilbaren Ewigkeit sind im Zustand der Trance die erwähnten Dinge aus dem Lauf der Gestirne abzulesen.

Ich sage nicht, mein Sohn, und das verstehe bitte nicht falsch, daß all diese Überlegungen nicht eines Tages auch zu Deinem noch zu schwachen Gehirn Zugang finden könnten; ebensowenig, daß die in sehr weiter Zukunft liegenden Ereignisse für einen vernunftbegabten Menschen außerhalb seiner geistigen Reichweite lägen. Dessen ungeachtet sind sie es für die aus dem Geist geschaffene Seele, der Gegenwärtiges oder Zukünftiges weder gänzlich erkennbar noch gänzlich verborgen ist. Aber die vollkommene Erkenntnis all dieser Dinge kann niemals ohne die göttliche Eingebung erworben werden. Denn jede prophetische Eingebung kommt in erster Linie von Gott, dem Schöpfer; erst danach hängt sie von der Eigentümlichkeit eines jeden und von seiner Natur ab. Wenn daraufhin die gleichen Dinge entweder eintreten oder nicht, entsteht entweder das Vorzeichen, oder es wird zur Weissagung. Denn das verstandesmäßig geschaffene Erkenntnisvermögen kann nur auf zwei Arten okkult sehen: Entweder durch eine an den Grenzen seiner Wahrnehmung vernommene Stimme oder durch einen winzigen Lichtschein, in dem sich die Dinge der Zukunft enthüllen.

Was dieses anbelangt, mein Sohn, bitte ich Dich inständig: Benutze Dein Erkenntnisvermögen niemals für die Träumereien und Eitelkeiten, die den Körper austrocknen, die Verdammnis der Seele nach sich ziehen und unser geringes Urteilsvermögen verwirren. Vor allem hüte Dich vor der eitlen und mehr als abscheulichen Magie, die einstmals durch die Heilige Schrift und die göttlichen Kanones verdammt wurde. Ausgenommen sei stets die göttliche Astrologie; durch sie und mit Hilfe der göttlichen Eingebung und Offenbarung konnte ich in zahllosen Nachtwachen und Rechenstunden meine Prophezeiungen verfassen. Und obwohl diese geheime Philosophie nicht verurteilt worden ist, habe ich ihre extreme Überzeugungskraft nicht an die große Glocke hängen wollen.

Mehrere Bücher, die viele Jahrhunderte lang verborgen geblieben waren, sind mir ausgehändigt worden. Da ich aber ahnte, was mit ihnen geschehen könnte, habe ich sie studiert und anschließend den Flammen übergeben. Und während das Feuer sie verschlang, schlug die Flamme empor in die Luft und verbreitete eine ganz ungewöhnliche Helle; strahlender als eine gewöhnliche Flamme, eher vergleichbar dem Schein eines Blitzes, der unversehens mein Haus erleuchtet, so als sei plötzlich ein Feuer ausgebrochen.

Damit in Zukunft kein Mißbrauch getrieben werden kann, wenn man nach der vollkommenen astralen Transformation sucht oder nach den Edelmetallen und Quellen, die die Erde birgt, habe ich die Schriften hierzu in Asche verwandelt. Doch zu der Einsicht, die sich vervollkommnet mit Hilfe des Himmels, möchte ich Dir dieses erklären: Durch sie kann man Kenntnis von künftigen Ereignissen erhalten, wenn man die Ergebnisse unserer Vorstellungskraft verwirft, sich auf die Orte beschränkt, auf welche die übernatürliche Eingebung besonders hinweist, und indem man diese Orte in Übereinstimmung bringt mit den Positionen der Planeten. Ebenso rührt auch die Modalität der Zeit, deren Wesen uns aufgrund der göttlichen Eigenschaft, Macht und Fähigkeit verborgen ist, davon her, daß in der Ewigkeit zum gleichen Zeitpunkt drei Formen der Zeit vorhanden sind, deren Ablauf die vergangenen, gegenwärtigen und zukünftigen Dinge aneinanderknüpft. ‚Denn nicht alle Dinge liegen offen und entschlüsselt zu Tage . . .‘

So vermagst Du, mein Sohn, trotz Deiner Jugend leicht zu verstehen, daß zukünftige Geschehnisse mit Hilfe der Lichter am Firmament vorausgesagt werden können, die zum Bereich der Natur gehören. Hinzu tritt auf der anderen Seite der Geist der Prophetie. Nicht, daß ich mir eine solche Bezeichnung oder eine derartige Wirkung zuschreiben möchte! Aber wie durch eine Eingebung, die einem Sterblichen geschenkt wurde, dessen Geist vom Himmel nicht weiter entfernt ist als seine Füße vom Erdboden: ‚Ich kann mich weder irren noch mich täuschen.' Gewiß, ich bin ein größerer Sünder als irgendein anderer auf dieser Erde und allen menschlichen Anfechtungen ausgesetzt. Doch manchmal, wenn ich während der Woche an einer langen Berechnung saß, die das nächtliche Studium köstlich erscheinen ließ, hatte ich das Gefühl, mich wie außerhalb meiner selbst zu befinden. Dann habe ich Bücher mit Weissagungen verfaßt, von denen jedes hundert astronomische Vierzeiler mit Prophezeiungen zählt, die ich bewußt so abfaßte, daß sie unklar sind. Sie enthalten immerwährende Weissagungen von jetzt bis zum Jahr 3797.

Es mag sein, daß bestimmte Menschen sich gleich abwenden, wenn sie sich einem so langen Zeitraum gegenübersehen. Doch es wird sich alles ereignen und eines Tages unter der gesamten Mondbahn verständlich sein. Meine Worte werden überall auf der weiten Erde begriffen werden, mein Sohn, sobald du das mittlere Alter eines Mannes erreicht hast. Dann wirst Du in Deiner eigenen Heimat, unter dem Himmel, der Dich zur Welt kommen sah, die künftigen Ereignisse miterleben. Denn der ewige Gott ist der einzige, der die Ewigkeit des Lichts kennt, das von ihm selbst ausstrahlt. Und ich sage offen: Diejenigen, denen seine einzigartige, unermeßliche und unbegreifliche Großzügigkeit Offenbarungen zuteil werden lassen wollte durch eine lange Eingebung, befinden sich unter der Einwirkung zweier wesentlicher Einsichten. Derjenige, der in die Zukunft schaut, wird sie aufgrund seines erleuchteten Erkenntnisvermögens begreifen: Die eine inspiriert durch eine übernatürliche Erleuchtung die Person, die anhand der Lehre von den Sternen in die Zukunft schaut und mittels göttlicher Offenbarung weissagt. Sie stellt eine gewisse Teilnahme an der Erkenntnis von Gottes Ewigkeit dar. Dank ihr gelingt dem Propheten die Erkenntnis, daß sein Geist den Ursprung in Gott hat und daß der Schöpfer ihm einen natürlichen Antrieb verleiht. Er weiß: Was vorausgesagt wird, ist wahr und hat seinen Ursprung außerhalb der Materie. Eine solche Erleuchtung, eine solche kleine Flamme, muß aus dieser Höhe kommen, um wirksam zu sein.

Nichtsdestoweniger verleiht die einfache Klarheit menschlicher Vernunft den Philosophen so große Selbstsicherheit, daß sie, ausgehend von der ersten Ursache, behaupten, sie entwickelten die tiefschürfendsten Gedanken und stellten die scharfsinnigste Lehre auf.

Aber, mein Sohn, damit ich Deine geistigen Fähigkeiten nicht überfordere, laß mich Dir sagen, daß die Literatur ein ungeheures, nie dagewesenes Geschrei anstimmen wird vor dem großen Brand des Universums; dieser wird begleitet sein von so starken Sintfluten und Überschwemmungen, daß nur wenige Länder einer Überflutung entgehen können. Und das wird so lange andauern, bis das Zeitalter des Eisens und die Geschichte der Nationen bei ihrer endgültigen Zerstörung angelangt sind. Auch werden nach den Überschwemmungen in bestimmten Gegenden die Regenfälle spärlich ausfallen, und es werden vom Himmel so große Mengen Feuer und glühender Steine herabstürzen, daß auf der Erde nichts mehr übrigbleiben wird. All dies wird plötzlich vor der letzten Feuersbrunst eintreten. Denn bevor der Planet Mars (Herr des Krieges) sein Jahrhundert beendet (unsere Gegenwart), wird er die Welt bis zum Ende seiner letzten Periode unter seinem Einfluß halten.

Die einen werden lange unter dem Zeichen der Revolution bleiben, die anderen bedrohen Hungersnöte. Und nun, da wir durch Gottes ewige Allmacht vom Mond geleitet werden, bevor er seinen Lauf beendet hat, wird zunächst die Sonne kommen und dann Saturn. *Denn gemäß den Himmelszeichen kehrt das Goldene Zeitalter nach einer revolutionären Epoche wieder, die alles auf der Erde gänzlich umstürzt.*

Von dem Augenblicke an, in dem ich diese Worte schreibe, werden 177 Jahre, 3 Monate und 11 Tage vergehen, in denen Korruption, Verwilderung der Moral und der Sitten, Kriege und eine lange Hungersnot herrschen. Vor und nach diesem im voraus feststehenden Zeitpunkt wird die Menschheit sich wiederholt dermaßen verringert haben, daß niemand mehr zu finden ist, der die freien Felder in Besitz nimmt. Sie werden genau so lange brachliegen, wie sie bewirtschaftet wurden.

Das gleiche geschieht nach den sichtbaren Zeichen der Sterne noch einmal, bevor wir im siebten Jahrtausend angelangt sind, das alles vollendet und uns dem achten näherbringt. Dort ist das Firmament der achten Sphäre, das unendlich weit reicht. Der große, ewige Gott wird dann seine Schöpfung krönen; die Planeten werden aufs neue ihre Bahnen ziehen mit der Bewegung des Himmels. Die Erde wird wieder fest und beständig sein, ‚denn sie wird sich nicht immer drehen'.

Außer daß sein Wille geschehe, wird es so und nicht anders sein – trotz der zweideutigen Meinungen, die alle Grenzen der Vernunft übersteigen, ich meine zum Beispiel Mohammeds Träumereien. Deshalb zeigt Gott, der Schöpfer, bisweilen mittels seiner Engel in einer Flamme, die er den äußeren Sinnen, insbesondere unseren Augen, sendet, die Inhalte künftiger Weissagung; Dinge, die typisch sind für die kommenden Ereignisse und die dem Weissagenden offenbart werden müssen. Denn die Weissagung, die auf dem äußeren Licht beruht, muß notwendigerweise mit ihm und mit unseren Sinnen übereinstimmen, damit nicht der Teil, der den Wahrnehmungen unseres Erkenntnisvermögens zukommt, so wirkt, als entspränge er einer Phantasie.

Es ist eine offensichtliche Erkenntnis: Alle Voraussagen geschehen durch einen göttlichen Atem und durch den Geist der Engel, die den Weissagenden inspirieren, ihn mit der Gabe der Vorausschau umhüllen, ihn erleuchten und ihm in verschiedenen nächtlichen Erscheinungen Bilder vorschweben lassen, dank derer er mit verantwortungsbewußter Sicherheit, basierend auf der Wissenschaft von den Sternen, seine Prophezeiungen formulieren kann.

Höre also, mein Sohn: Ich finde aufgrund meiner Berechnungen, die mit der göttlichen Eingebung in Einklang stehen, daß das Schwert des Todes sich uns nähert in Gestalt der Pest und eines Krieges, der schrecklicher sein wird als jeder zuvor. Ich sehe drei Männer und eine Hungersnot. Dieses Schwert wird die Erde mehrfach treffen, denn die Sterne fördern diese Revolution. Auch hat der Herr gesagt: ‚So will ich ihre Sünde mit eiserner Rute heimsuchen und ihre Missetat mit Plagen.' Denn sein Erbarmen wird sich nicht ausbreiten, mein Sohn, bevor nicht der größte Teil meiner Weissagungen eingetroffen ist und sich erfüllt hat. Während der furchtbaren Stürme wird der Herr sagen: ‚Ich werde sie also schlagen, ich werde sie zerbrechen und kein Mitleid haben.'

Und es werden folgen tausend andere Geschehnisse: Plagen werden vom Himmel gesandt, so wie ich es vollständiger in meinen anderen Weissagungen niedergelegt habe, die ausgearbeitet sind in einem Bericht ohne durchgehenden Zusammenhang; doch die Orte, die Epoche und der genaue Zeitpunkt sind festgelegt. Die Menschen der Zukunft werden all dies erfahren durch die Ereignisse, die unweigerlich eintreten – wie ich es für die anderen in deutlicheren Worten dargelegt habe. Denn in ihrer verschleierten Form werden die Dinge dann klar verstanden werden: ‚Doch wenn die Unwissenheit aufgehoben sein wird', dann wird der Fall klarer sein.

Zum Schluß, mein Sohn, nimm dieses Geschenk Deines Vaters, M. Nostradamus, in der Hoffnung, daß Du alle Weissagungen der hier niedergelegten Vierzeiler deuten kannst. Ich bitte den unsterblichen Gott, daß er Dir ein langes Leben in Glück und Wohlstand gewähren möge."

Salon, am 1. März 1555

Das Computerhoroskop

Das einzige bisher überlieferte Horoskop des Nostradamus stammt von dem Berliner Astrologen Willy Bischoff. Die Errechnung des Horoskops stößt auf besondere Schwierigkeiten, weil im Jahr 1503, als Nostradamus geboren wurde, noch nicht der Gregorianische Kalender galt, der erst im Jahr 1582 den bis dahin gültigen Julianischen Kalender ablöste.

Bischoff hat nun aus den von ihm errechneten Planetenkonstellationen alles mögliche herausgelesen, was das Leben des Nostradamus und seine besonderen Gaben zu bestätigen scheint.

Das Horoskop über einen berühmten Menschen hat jedoch einen entscheidenden Nachteil: Bei allem Bemühen um Objektivität ist der Deuter immer voreingenommen, weil er ja Einzelheiten aus dem Leben der Berühmtheit kennt. Allgemeine Vorurteile gegen die Horoskopie bestätigen sich so.

Wir sind deshalb einen neuen und wirklich objektiven Weg gegangen. Wir wählten den unbestechlichen, auf astrologische Daten programmierten Computer des Münchner Telectron-Instituts.

Institutsleiter Paul mußte jedoch seinen Rechner auf unsere speziellen Bedürfnisse umprogrammieren. Der Computer reagierte nämlich bis dahin nur auf die Geburtsdaten von Menschen, die während der Gültigkeit des Gregorianischen Kalenders geboren wurden. Die Arbeit nahm einen ganzen Tag in Anspruch, dann spuckte der Rechner auf einunddreißig Blättern alles aus, was er über Nostradamus zu sagen hatte, genauer gesagt über einen ihm natürlich Unbekannten, dessen Geburtstag und -ort er als einzige Information besaß. Das Ergebnis ist atemberaubend.

Wir können hier natürlich nur das Wesentliche wiedergeben und beschränken uns auf Auszüge, welche sich mit den besonderen Eigenschaften der „männlichen Person" befassen, „die am

Der Seher und Arzt Michel de Nostredame, genannt „Nostradamus“, ist der einzige Prophet des Abendlandes. Er lebte von 1503 bis 1566. *(Foto: Ullstein-Bilderdienst)*

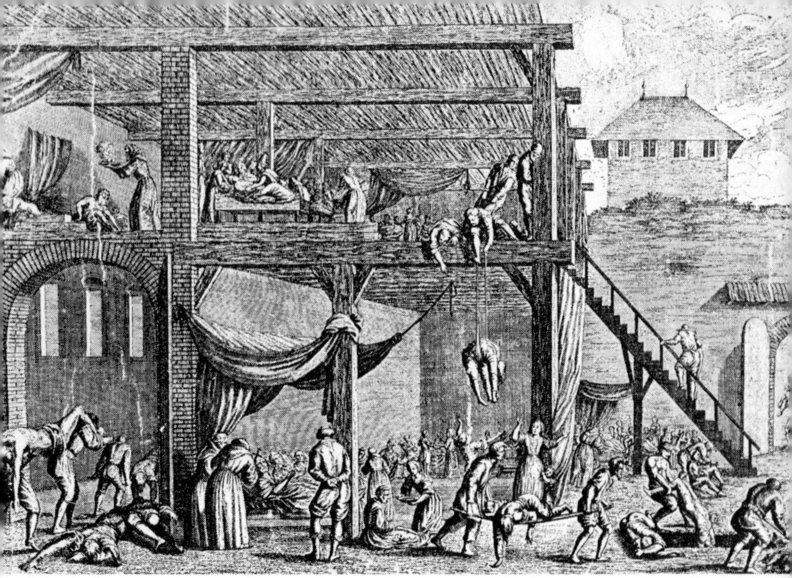

Das Pestkrankenhaus zu Wien zu Zeiten des Nostradamus (oben).

Eine Alchimistenwerkstatt nach einem Holzschnitt von 1550 (unten).
(Fotos: Historia-Photo, Ullstein-Bilderdienst)

Napoleon Bonaparte, hier kurz vor seiner Abdankung im Jahr 1814. Diese wurde von Nostradamus wiederholt angekündigt. *(Foto: Süddeutscher Verlag)*

Für das Ende unseres Jahrhunderts befürchtet der Seher eine neue Sintflut, verursacht durch einen Riesenkometen (oben).

Gewaltige Orkane werden die Wälder umknicken wie Streichhölzer, wenn der Komet die Erdachse zum Umkippen bringt (unten). *(Fotos: Süddeutscher Verlag)*

14. 12. 1503 um die Mittagszeit in dem Ort St. Rémy in der Provence auf 43,5 Grad nördlicher Breite und 5,5 Grad östlicher Länge zur Welt kam." Weggelassen in unserer Wiedergabe sind Angaben zur wirtschaftlichen Lage, besondere Gefahrenpunkte und solche Charaktereigenschaften, die aus der Literatur nicht mehr überprüfbar sind. Dazu gehören auch viele negative Charaktereigenschaften des großen Mannes, die natürlich nicht überliefert sind, die der Computer aber ebenso angab wie die positiven. Wir beschränken uns, wie gesagt, auf das Überprüfbare.

Das erste Ergebnis: Die Berechnungen von Bischoff sind unrichtig. Seine Deutung ist daher gewollt und manipuliert. Vor allem hat er den Aszendenten falsch errechnet. Bei ihm hat Nostradamus einen Fische-Aszendenten. Der unfehlbare Computer sieht den Aszendenten jedoch auf 3,175 Grad im Widder. Und das ist ein entscheidender Unterschied. Hier zunächst im Original die drei ersten Computerblätter, die sich mit den technischen Angaben befassen, mit den Gestirnsständen, den Häusern und Aspekten. Für alle, die sich mit Astrologie befassen, ist es sicherlich eine reizvolle Aufgabe, das Horoskop nach diesen Angaben weiter auszudeuten.

COMPUTER-HOROSKOP
NR. 0110811160962
DATUM 06.11.1981

GEBURT 14.12.1503
STUNDE/MIN. 12.00

043,5 NOERD.BGRAD
005,5 OESTL.LGRAD

SIE BESTELLTEN BEI UNS IHR GROSSCOMPUTER-HOROSKOP. WIR DANKEN IHNEN FUER DEN AUFTRAG UND HOFFEN MIT DIESER ANALYSE IHREN WUENSCHEN GERECHT ZU WERDEN. UEBER EINE HALBE MILLION RECHENVORGAENGE SIND ERFORDERLICH, UM FUER SIE DIESES INDIVIDUELLE HOROSKOP PRAEZISE ZU ERARBEITEN. NACHFOLGEND ALS ERSTES IHRE ASTRONOMISCH-MATHEMATISCHEN ERGEBNISSE.

DIE POSITIONEN IHRER PLANETEN

SONNE	1,600	GRAD IM STEINBOCK
MOND	16,583	GRAD IM SKORPION
MERKUR	4,233	GRAD IM STEINBOCK
VENUS	3,183	GRAD IM WASSERMANN
MARS	19,450	GRAD IM KREBS
JUPITER	10,905	GRAD IM KREBS
SATURN	16,183	GRAD IM KREBS
URANUS	9,466	GRAD IN DEN FISCHEN
NEPTUN	23,466	GRAD IM STEINBOCK
PLUTO	4,316	GRAD IM SCHUETZEN

DIE POSITIONEN IHRER FELDER

I	(ASZENDENT)	3,175	GRAD IM WIDDER
II		15,067	GRAD IM STIER
III		10,768	GRAD IN DEN ZWILLINGEN
IV	(NADIR)	1,587	GRAD IM KREBS
V		22,632	GRAD IM KREBS
VI		19,467	GRAD IM LOEWEN
VII	(DESZENDENT)	3,175	GRAD IN DER WAAGE
VIII		15,067	GRAD IM SKORPION
IX		10,768	GRAD IM SCHUETZEN
X	(MC)	1,587	GRAD IM STEINBOCK
XI		22,632	GRAD IM STEINBOCK
XII		19,467	GRAD IM WASSERMANN

IHRE MASSGEBLICHEN ASPEKTE

KONJUNKTION	SONNE/MERKUR	3 GRAD
	MARS/SATURN	3 GRAD
	JUPITER/SATURN	5 GRAD
	MC/SONNE	0 GRAD
	MC/MERKUR	3 GRAD
OPPOSITION	SONNE/JUPITER	171 GRAD
	MERKUR/JUPITER	173 GRAD
	MARS/NEPTUN	184 GRAD
	SATURN/NEPTUN	187 GRAD
TRIGON	MOND/MARS	117 GRAD
	MOND/JUPITER	126 GRAD
	MOND/SATURN	120 GRAD
	MOND/URANUS	113 GRAD
	JUPITER/URANUS	121 GRAD
	SATURN/URANUS	127 GRAD
	ASZEND./PLUTO	119 GRAD
QUADRAT	URANUS/PLUTO	95 GRAD
	ASZEND./SONNE	92 GRAD
	ASZEND./MERKUR	89 GRAD
SEXTIL	SONNE/URANUS	68 GRAD
	MOND/NEPTUN	67 GRAD
	MERKUR/URANUS	65 GRAD
	VENUS/PLUTO	59 GRAD
	ASZEND./VENUS	60 GRAD

UNTER ASPEKTEN VERSTEHT MAN DIE WINKEL, DIE VON DEM PLANETEN MITEINANDER GEBILDET WERDEN.

KONJUNKTION (VEREINIGUNGSASPEKT) = 0 GRAD

OPPOSITION	(SPANNUNGSASPEKT)	= 180 GRAD
TRIGON	(FOERDERUNGSASPEKT)	= 120 GRAD
QUADRAT	(DISHARMONIEASPEKT)	= 90 GRAD
SEXTIL	(HARMONIEASPEKT)	= 60 GRAD

POSITIV WIRKEN	TRIGON	= 120 GRAD
	SEXTIL	= 60 GRAD
NEGATIV WIRKEN	OPPOSITION	= 180 GRAD
	QUADRAT	= 90 GRAD

DIE KONJUNKTON KANN SOWOHL POSITIV ALS NEGATIV WIRKEN. DAS HAENGT DAVON AB, WELCHE PLANETEN SICH VEREINIGEN.

EINE OPPOSITION KANN POSITIV WIRKEN, FALLS SIE DURCH EIN HINZUKOMMENDES TRIGON+SEXTIL 'ENTSPANNT' WIRD.

DIE ASPEKTE SIND AUCH NOCH MIT EINEM BESTIMMTEN ORBIS = UMKREIS WIRKSAM.

IHRE PERSOENLICHKEITSANALYSE

SIE SIND AM 14.12.1503 GEBOREN. IHRE SONNE STAND IM S T E I N B O C K

DURCH DIE SONNE ALLEIN WIRD NUR EIN TEIL IHRER PERSOENLICHKEIT CHARAKTERISIERT. WEITERHIN MUESSEN NOCH FOLGENDE ELEMENTE BERUECKSICHTIGUNG FINDEN -

DER ASZENDENT, ER STAND BEI IHNEN IM W I D D E R
DER MOND, ER STAND BEI IHNEN IM S K O R P I O N

DER MERKUR, ER STAND BEI IHNEN IM S T E I N B O C K
DIE VENUS, SIE STAND BEI IHNEN IM W A S S E R M A N N

NACHSTEHEND WERDEN IHNEN DIE EINZELNEN ELEMENTE UND DEREN BEDEUTUNG FUER IHREN CHARAKTER UND IHRE PERSOENLICHKEIT ANALYSIERT. DARAUS RESULTIERT DIE VIELFAELTIGKEIT DES MENSCHEN, SEINE VERHALTENSWEISEN UND REAKTIONEN, SEIN CHARAKTER, DIE ENTWICKLUNG DURCH SEINE UMWELT UND DAMIT DIE REIFUNG DES EINZELNEN.

IHRE SONNE IM S T E I N B O C K

DIE SONNE, QUELLE JEGLICHEN LEBENS, IST AUSDRUCK FUER IHREN LEBENSWILLEN, PRAEGT SPEZIFISCH IHRE INDIVIDUALITAET, IHRE SCHOEPFERISCHEN FAEHIGKEITEN UND IHR SELBSTBEWUSSTSEIN. FUER SIE ALS MANN IST SIE VON DOMINANTER WIRKUNG.

Nun folgt die Auswertung des Computers:

Ihre Charaktereigenschaften in positiver Hinsicht.
Sie besitzen eine besondere Konzentrationsfähigkeit, die durch Systematik, Methodik, Sachlichkeit und Nüchternheit wirkungsvoll ergänzt wird. Widerstände und Hindernisse zu überwinden, macht Ihnen Freude, so daß Rückschläge oder Mißerfolge Sie nur kurzfristig aufhalten können. Persönlich und gesellschaftlich verlangen Sie nach Achtung und Anerkennung. Das Gediegene, Zuverlässige wissen Sie zu schätzen und geben langwierigen Lösungsformen im Aufgabenbereich vor Schnelligkeitslösungen den Vorzug . . .

Von den negativen Charaktereigenschaften nur so viel:

Ihre Charaktereigenschaften in negativer Hinsicht
Eine gewisse schwerblütige, melancholische Grundstimmung ist Ihrem Charaktertyp eigen, aus der sehr oft eine depressive und skeptische Stimmungslage resultiert, die im Kommenden vorwiegend die negative Seite sieht . . .
Sie neigen auch dazu, sich von anderen Menschen völlig abzukapseln, so daß mit zunehmendem Alter eine gewisse Vereinsamung eintritt . . .

Das ist faszinierend, denn wir wissen, daß Nostradamus bei seinen Voraussagen ein großes Gewicht auf negative Prophezeiungen gelegt hat, und daß das meiste von dem, was heute noch bekannt ist, tatsächlich negativ ist. Auf seine positiven und hoffnungsvollen Voraussagen werden wir noch zu sprechen kommen. Interessant ist auch die Stelle mit der Abkapselung. Hier sehen wir förmlich die Abgeschlossenheit seines Studierzimmers im Dachgeschoß vor uns. Und wir wissen auch von der selbstgewählten Isolation gegen Ende seines Lebens.

Ihre Zielsetzungen
Langsamer, durch Sachkenntnis erlangter, oft mühevoller, aber stetiger Aufstieg. Lebenserfolg erzielen Sie durch erlangtes Wissen, Materialbewältigung und Konzentration auf das Notwendige und Wesentliche.

Ihr Aszendent im Widder
Widder als Kardinalzeichen in Ihrem Aszendenten macht Sie voller Tatendrang und kühner Pläne . . . Streitbare Kräfte Ihres cholerischen Temperaments sollten nicht unnötig in Gang gesetzt werden . . .

Überaktivität und innere Erregbarkeit sowie Unruhe verbinden sich zu einer Leistungsspannung und starker Arbeitsenergie. Sie streben nach Einsatz Ihrer zeitweilig überbetonten Energiekräfte zur Verwirklichung kühner Unternehmungen.

Aus gegebenen Situationen verstehen Sie jeweils das Beste zu machen, weil Sie sich besonders als Bahnbrecher, Vorkämpfer oder Unternehmer eignen . . .

Ihr Mond im Skorpion
Diese Mondstellung befähigt Sie zur Witterung hintergründiger Gefahren und Situationen, die normalerweise nicht erfaßbar sind . . .

Davon haben wir bereits einiges gehört. Nostradamus hatte „eine Nase für gefährliche Situationen" und begab sich immer wieder auf die Reise, ehe es für ihn brenzlig wurde.

Ihre Gemütslage leidet an einer gewissen Reizbarkeit und Zwiespältigkeit der Empfindung. Hieraus resultieren oft krisenhaltige Verwicklungen oder depressive Zeitspannen . . . Auf zerstörerische Affekte ist im Gefühlsleben zu achten.

Wir haben in der Tat gehört, daß Nostradamus wertvolle Schriften und unersetzliche Bücher verbrannt hat. Eine für einen Gelehrten unvorstellbare Handlungsweise.

Ihre Begierden sind stark und weichen Versuchungen nur bei tieferer Einsicht durch Ihre Fähigkeit der Selbstüberwindung aus . . . Sie verfügen über eine große Arbeitskraft und Zähigkeit, die es Ihnen ermöglicht, alle gesteckten Ziele zu erreichen . . .

Ihr Merkur im Steinbock

Diese gut zu bewertende Merkurstellung verleiht Ihnen einen objektiven, logisch denkenden, kritischen Verstand, so daß Sie zu einer wissenschaftlichen und philosophischen Betrachtungsweise neigen (!)

Sie haben eine besondere Begabung für Mathematik, Physik, Methodik, Systematik, Diplomatie, Analyse und Synthese (!) . . .

Das ausgeprägte Sachgedächtnis ermöglicht eine außergewöhnliche Prägnanz von Sprache und Schrift . . . Realitätssinn und geistige Wachsamkeit gehen bei Ihnen eine fruchtbare Verbindung ein . . . In Verbindung mit Ihrer ausgezeichneten Beobachtungsgabe und pädagogischen Talenten ist es Ihnen möglich, Speziallösungen schwieriger theoretischer und praktischer Probleme auszuarbeiten.

Das klingt wie maßgeschneidert für den Physiker, Mathematiker, Astrologen und Kabbalisten Nostradamus. Jeder Kommentar erübrigt sich.

Ihre Lebenstendenzen

Ihre Sonne

Das symbolische Leitbild für Ihre Individualität, schöpferische Kraft und für Ihre Vitalität. Die Sonne steht bei Ihnen in Feld X.

Das X. Feld der sozialen Stellung. Sie haben ausgezeichnete persönliche Talente, die Sie zu einflußreichen Stellungen in Staatsdienst, Kunst und Wissenschaft befähigen (!) Aufstieg und Lebenserfolg. Ruhm, Anerkennung und Ehre (!)

Ihre Sonne bildete mehrere Aspekte. Zuerst die zwei bedeutendsten:

Opposition mit Jupiter

Ein Übertreibungsaspekt, der Verschwendung und Selbstherrlichkeit im Gefolge haben kann. Bei Ihnen aber „entspannt“ ist über ein drittes Gestirn, das zur Achse Sonne–Jupiter gut aspektiert steht – Mond.

Mond, Symbol der Empfindung, in Sonne-Jupiter-Verbindung, das sieht erfolgsverdächtig aus! Einflußreiche Stellung im Staatsdienst wäre möglich. Popularität und Heimatliebe sind bei Ihnen angezeigt.

Populär war Nostradamus weiß Gott. An seiner provencalischen Heimat hing er mit großer Liebe. Und ein Staatsamt hatte er schließlich auch.

Sextil mit Uranus, Symbol der Umbrüche und Ideen.
... Intuitionsfähigkeit und Neuartigkeit der Gedanken verbinden sich mit besonderen theoretischen Fähigkeiten (!)

Konjunktion mit Merkur, Symbol des Verstandes
Sie haben klar durchdachte Anschauungen und ein objektives Urteilsvermögen. Die intellektuellen Geisteskräfte sind schöpferisch.

Ihr Mond
... Trigon mit Jupiter
Fruchtbare Phantasie und Begeisterungsfähigkeit ... Es besteht eine besondere Befähigung für die Vermittlung von seelischen und geistigen Werten, sowie in der Verwaltung von Gemeingut. In der Lebenszielsetzung aufstiegs- und erfolgfördernde Tendenzen.

Auch hier erübrigt sich jeder Kommentar. Genauso war es bei Nostradamus.

Trigon mit Saturn
Ihr Seelenleben paßt sich den Realitäten an, und die Wünsche halten sich im Rahmen einer möglichen Verwirklichung ... Eine gute Sublimierungsfähigkeit erfährt diese Aspektverbindung in geistig-schöpferischer Tätigkeit, sowie in einer besonderen Einfühlungsfähigkeit und hohem Denkniveau.

Und nun folgt eine wahrhaft verblüffende Computeraussage:

Trigon mit Uranus
Ihre Intuition und Ihre Seelenlage eilen der erfüllenden Realität voraus und ermöglichen bei Ihrer Genialität weitreichende Erfindungen und Entdeckungen wichtiger Zusammenhänge.

Das ist das Horoskop eines genialen Propheten und Sehers.

Sextil mit Neptun, Symbol der Inspiration
Ein Sensibilitätsaspekt, der Sie aufgeschlossen macht für Inspiration und Verfeinerung des Gefühlslebens. Musikalische, künstlerische oder literarische Interessen und Begabungen. Große persönliche Ausstrahlungs- und Anziehungskraft.

Ihr Merkur
Sextil mit Uranus
Logik und Intuition erfahren eine fruchtbare Verbindung, die der praktischen Lebensgestaltung zugute kommt. Ein geistreicher Kopf. Sie sind bemüht, neue Pionierwege zu gehen.

Auch das mehr als ein Hinweis auf den Seher und Zukunftsforscher.

Ihre Venus
Sextil mit Pluto
Große sexuelle Anziehungskraft und ein starkes Liebesempfinden verbinden sich bei Ihnen mit einem gesteigerten Triebleben, Sehnsucht, glühendes Verlangen und ungestümer Drang zum anderen Geschlecht. Leidenschaftlichkeit, Charme, Schönheitssinn und auch der Wunsch nach innerer Harmonie suchen nach Ausdrucksformen und schöpferischer Gestaltung.

Diese Dinge sind zwar in der Literatur nicht überliefert, aber es läßt sich sehr leicht vermuten, daß Nostradamus ein Mann gewesen sein muß, der auf Frauen äußerst anziehend wirkte und der eine starke sexuelle Ausstrahlungskraft besaß. Anders ist auch seine Wirkung auf Katharina von Medici schwer zu erklären.

Ihr Mars
Das Symbol für energievolle Aktivität und leidenschaftliche Kräfte. Er steht im Tierkreiszeichen Krebs . . . Starkes Freiheits- und Betätigungsbedürfnis, Disharmonien im Elternhaus oder im familiären Leben sind möglich. Ruhelosigkeit.

Das Freiheitsbedürfnis von Nostradamus war überwältigend, ebenso sein Tatendrang. Konflikte mit den Eltern waren eindeutig stark.

Opposition mit Neptun
Ein Spannungsaspekt, der Ihnen Täuschungen und Enttäuschungen bringt. Achten Sie auch auf Ihre gesteigerte Rauschbedürftigkeit und Illusionshascherei. Da die Aspektverbindung bei Ihnen aber entspannt ist, gilt es, die Inspirationskräfte umzuwandeln in schöpferische Leistungen.

Wieder eine verblüffende Aussage. Nostradamus hat sich täglich in rauschähnliche Trancezustände versetzt. Und in der Tat ist es ihm gelungen, seine Inspirationskräfte in schöpferische Leistungen umzuwandeln. Das nennt man Prophetie.

Ihr Jupiter
Bei Ihnen steht Jupiter im Feld IV. Durch Ihre Herkunft dürften Sie sich als vom Leben, Schicksal und Glück begünstigt betrachten. Der Lebensabend wird besonders glücklich sein.

Auch diese Aussage des Rechners stimmt mit der Wirklichkeit überein. Der Seher war vom Glück begünstigt. Seine Herkunft befähigte ihn in besonderem Maße zum Prophetentum und machte ihn mit allen wichtigen Grundlagen vertraut. Der Lebensabend verlief in Wohlstand, Harmonie und öffentlicher Achtung.

Trigon mit Uranus
Idealismus und Anziehungskraft können Ihnen eine bedeutende Anhängerschaft bringen. Sie könnten auf ethischem oder erzieherischem Gebiet Hervorragendes leisten. Sie sollten sich für soziale und politische Reformen einsetzen.

Sie dürfen sich geschmeichelt fühlen, denn Sie sind auf jeden Fall eine außergewöhnliche Persönlichkeit.

Nostradamus brachte für seine Heimat viele soziale Reformen. Allein das von ihm inspirierte und finanzierte Entwässerungs- und Dammbauprojekt in der Provence ermöglichte für Tausende von Menschen eine gesicherte Existenzgrundlage.

Konjunktion mit Saturn
Lebenstüchtigkeit, Ehrgeiz, Gründlichkeit, Ehrlichkeit und Rechtschaffenheit sind die Merkmale dieser Aspektverbindung. Durch eine betonte Achtung für Traditionen und bleibende Werte zeichnen Sie sich besonders aus.

Ohne das intensive Studium, das ehrgeizige und gründliche Vertiefen in die Traditionen seiner Vorväter wäre Nostradamus nicht zu dem geworden, was er war.

Ihr Saturn
. . .
Trigon mit Uranus
Die harmonische Verbindung zwischen Beharrungskräften und intuitiver Neugestaltung bringt Ihnen ein besonderes geistiges Niveau mit einer ernsten Beurteilung der Gegebenheiten, wobei realpraktische Aufgaben mit Präzision und Gründlichkeit, unter Anwendung neuester Erkenntnisse zur Ausführung gebracht werden . . . Ihre soziale Stellung entspricht Ihren ausgedehnten, bedeutungsvollen Kenntnissen und Befähigungen, die von umfassendem Wert und Bedeutung sein können.

Uranus, Neptun, Pluto
Bei Ihnen ist stille Forschungsarbeit begünstigt, wie Laborversuche. Vorahnungen. (!!!)

Das trifft den Kern der Sache auf geradezu beängstigende Weise.

Es besteht eine große Wahrscheinlichkeit, daß Sie Ihren früheren Wohnort verlassen.

Nostradamus ging schon in jungen Jahren von St. Rémy fort und ist nie dorthin zurückgekehrt. Wohl aber in seine Heimat, die Provence.

Uranus Quadrat mit Pluto
Die Konfliktspannung zwischen Uranus und Pluto bringt Ihnen die Problematik radikaler und neuer Zielsetzungen.

Das stimmt für Nostradamus in besonderer, unverwechselbarer Weise.

Ihr Aszendent
Ihr Aszendent erhielt einen positiven Aspekt Ihres Pluto. Sie sind in einem ungewöhnlichen Ausmaß bestrebt, auf Ihre Umwelt einzuwirken und diese in der Richtung der neuesten Erkenntnisse zu beeinflussen und zu lenken.

Ihr Aszendent erhielt einen negativen Aspekt Ihrer Sonne. Die Durchsetzung der Eigenpersönlichkeit stößt auf Widerstand. Schwierigkeiten und Kämpfe. Gesundheitliche Krisen wären möglich.

All das trifft so haargenau auf Nostradamus zu, als hätte der Computer die gesamte Literatur über ihn gelesen.

Weiterhin
Ihr Aszendent erhielt ein Quadrat Ihres Merkur. Nervosität und Unruhe, Reizbarkeit, Irrtümer und Wirrungen. Das Wesentliche dieser Aspektverbindung sind Denkfehler und eine gewisse Zerfahrenheit.

Nun, auch das läßt sich nicht ableugnen. Es klingt fast, als spiele der Computer ironisch auf die große Verwirrung an, die Nostradamus mit seinen Vierzeilern angerichtet hat.

Ihr MC
Ihr MC empfing eine Konjunktion Ihrer Sonne. Ihre ausgezeichneten Geistesgaben und Ihre tiefe Geisteshaltung sind die Grundlagen für Ihr erfolgreiches äußeres Wirken und der glanzvollen Er-

hebung über die ursprüngliche Umwelt. Sie sind fähig, mit wenigen Worten anderen Mut und Vertrauen einzuflößen.

Genauso war es. Und in der Tat verstand es Nostradamus als Arzt, den Menschen Vertrauen einzuflößen.

Und dann kommt schließlich noch eine seltsame Bemerkung des Computers, fast am Ende der Beurteilung:

Fragliche Mittel, um Lebenserfolg zu erreichen, sind angezeigt. Schädigung des Rufes und des Ansehens durch diese Praktiken müssen Sie hinnehmen.

Hier geht es doch ganz eindeutig um die verbotenen und geheimen magischen Praktiken, die ihn immer wieder in Verruf brachten und ihm ein Leben lang die Inquisition auf den Hals hetzten.

Dieses jederzeit nachprüfbare Computerexperiment muß selbst den härtesten Skeptiker überzeugen. Einmal von der Treffsicherheit der Astrologie und als logische Folge von der überragenden Bedeutung des Nostradamus.

Bei dieser Übereinstimmung mit der Lebensgeschichte, bei dieser Treffsicherheit ist die Vokabel „sensationell“ angebracht. Jeder weitere Kommentar erübrigt sich.

Der Computer hat Nostradamus als geniale, überragende Persönlichkeit, als Seher und Propheten erkannt und in seiner nüchternen Sprache auch so genannt.

Zweiter Teil

Erfüllte Prophezeiungen von der Renaissance bis heute

Quos legent hosce versus mature censuto,
Profanum vulgus etinscium ne attrectato . . .

Mögen jene, welche diese Verse lesen, ernst darüber sinnen,
laßt das gemeine und unwissende Volk davon zurückstehen . . .
Michel de Nostredame anno Domini 1555

Bei der Fülle des vorhandenen Materials ist es verständlich, daß nicht alle Vorhersagen zu einem bestimmten Thema in diesem Buch dargeboten und gedeutet werden konnten. Der Autor hat sich deshalb auf die wesentlichen Prophezeiungen beschränkt, die ganz bestimmte Ereignisse vorhersagen. Diese Einteilung ist vor allem der Übersichtlichkeit dienlich, die in den Centurien von Nostradamus nicht immer gewährleistet ist. Der Seher und Visionär hat seine Zukunftsvisionen so niedergeschrieben, wie sie ihm zuflossen. Eine Wertung und Einordnung unter bestimmten Aspekten hat er bewußt unterlassen.

Dieser Teil ist in zwei große Bereiche untergliedert: Die Ereignisse und Personen der weiteren Vergangenheit bis zum Beginn des 20. Jahrhunderts;
dic Ereignisse und Personen der jüngsten Vergangenheit bis zur Gegenwart.
Ereignisse und Personen, die in unserer Zukunft eine Rolle spielen werden, folgen im dritten Teil des Buches.

Die Zusammenfassung von Vorhersagen zum gleichen Thema unter einem übergeordneten Begriff ermöglicht es dem Leser, sich schneller zurechtzufinden. Das Buch erhält damit einen höheren Nutzwert, da so die Vielseitigkeit und Vieldeutigkeit von Nostradamus transparenter wird.

Viele Forscher, dic sich mit den Prophezeiungen von Nostradamus beschäftigten, haben in ihnen nur düstere Aspekte entdecken können. Dieser Eindruck täuscht. Zwar kündet Nostradamus nur sehr selten positive Ereignisse an. Im Zusammenhang mit negativen Geschehnissen aber weist er fast immer darauf hin, daß und wie sie sich zum Positiven wenden – ein entscheidender Punkt, der aus unverständlichen Gründen in den meisten Nostradamus-Werken nicht genügend Beachtung fand. Der Autor des vorliegenden Buches hat es sich zur Aufgabe gemacht, eben diese Züge in seinen Prophezeiungen herauszustellen. Denn: Selbst Nostradamus sieht eine unmittelbare Dualbeziehung zwischen Gut und Böse. Das eine kann ohne das andere nicht existieren. Und jedes negative Ereignis bewirkt letztendlich etwas Positives.

Revolutionen und Aufstände

Die Revolte in den Niederlanden
Centurie II, 50

„Wenn das Volk von Hainault, Flandern und Brabant die Belagerung sieht,
die von dem früheren Langres ausgeht:
Hinter ihren Flanken wird es entsetzliche Kämpfe geben, und die früheren Wunden sind schlimmer als ihre Feinde."

Hier beschreibt Nostradamus den Aufstand der Niederländer, ein Ereignis, das nur wenige Jahre nach seinem Tod eintrat. Die Niederlande waren 1555 an den spanischen Habsburger Philipp II. gefallen, der den Calvinismus sowie die ständischen Vorrechte bekämpfte. Trotz der unmenschlichen Härte, mit der Herzog Alba diese Unruhen seit 1566 bekämpfte, kommt es 1568 zum offenen Aufstand. Bürger und Adel schließen sich unter der Führung von Wilhelm von Oranien und Graf Egmont gegen die spanische Herrschaft zusammen, wobei einer der wichtigsten Gründe der ist, daß Philipp II., ein erklärter Gegner des Protestantismus, die Einführung der Inquisition fordert. Damit könnten auch die „früheren Wunden" gemeint sein, von denen Nostradamus spricht. Hainault, Flandern und Brabant sind die reichsten Provinzen in den Niederlanden des 16. Jahrhunderts. Und Langres steht wohl für die Habsburger; es war während der früheren Habsburger Kriege eine wichtige Stadt.

Die italienische Revolution
Centurie VI, 25

„Mit Mars als Gegner wird die Monarchie des großen Fischers
in ungeheuren Schwierigkeiten sein.
Der junge rote König wird die Regierung übernehmen.
Die Verräter werden an einem nebligen Tag losschlagen."

Der Vatikan, der hier zweifelsfrei mit der Umschreibung in der ersten Zeile gemeint ist, wird in Schwierigkeiten geraten, wenn seine Truppen besiegt sind. Das geschieht insgesamt zweimal: einmal 1796–1815, als Napoleon gegen den Vatikan in den Krieg zieht, und ein zweites Mal 1860–1870. Der junge „rote König" dürfte Victor Emmanuel sein, der politisch sehr sozial engagiert war. Mit der Farbe Rot dürften aber auch die ersten Freiheitskämpfer wie etwa Garibaldi angesprochen werden, die zur gleichen Zeit versuchen, Rom den Franzosen zu entreißen.

Wichtige Schlachten und Kriege

Die Hugenotten-Kämpfe

„Sie werden für eine lange Dämmerung vertrieben werden
und draußen kämpfen müssen.
Die ländlichen Gegenden werden sich in großen Nöten befinden.
Stadt und Land aber werden sich in einem größeren Kampf
befinden.
Carcassonne und Narbonne werden ihre Herzen versucht finden."

Die Auseinandersetzungen der Hugenotten im südlichen Frankreich, die bereits 1562 – noch zu Lebzeiten Nostradamus' – begannen, aber erst 1598 ihr Ende fanden, waren seit Anbeginn religiöser Natur. Unter den teilweise äußerst blutigen Auseinandersetzungen zwischen den Hugenotten auf der einen und den Katholiken auf der anderen Seite litten insbesondere die ländlichen Gegenden: Man vernachlässigte den Landbau. Der Kampf machte aber nicht vor den Städten halt. Carcassonne hatte sich so zum Beispiel der Katholischen Liga unter der Führung von Franz von Guise angeschlossen, wurde aber dann teilweise von den Hugenotten besetzt. Und auch Narbonne wurde durch die Kämpfe schwer in Mitleidenschaft gezogen. Nostradamus beschreibt mit diesem Vierzeiler einen mehr als dreißig Jahre dauernden Krieg.

Der Dreißigjährige Krieg
Centurie V, 12

„Nahe dem Genfer See wird er von einer
fremden Frau geführt werden,
die die Stadt betrügen möchte. Vor ihrem Tod
wird ein großes Gefolge nach Augsburg kommen.
Sie werden kommen, um das Volk vom Rhein zu überfallen."

Der Dreißigjährige Krieg von 1618 bis 1648 spielt in zwei Vorhersagen von Nostradamus eine Rolle. In der hier angeführten geht es um die Schlacht von Augsburg (1636), die den Herzog von Sachsen und Weimar, Bernhard, zum Rückzug über den Rhein zwingt. Dadurch wird Süd- und Mitteldeutschland für die Armeen des Kaisers des Heiligen Römischen Reichs, den Habsburger Ferdinand II. schutzlos zurückgelassen. Augsburg fällt ebenso wie andere Städte entlang des Rheins an der Schweizer Grenze an Habsburg. Mit der „fremden Frau" meint Nostradamus wohl die Habsburger Macht.

Die Schlacht von Worcester
Centurie X, 4

„Zu mitternächtlicher Stunde wird der Führer
von seiner Armee wegrennen, wie plötzlich verschwunden.
Sieben Jahre später, sein guter Ruf ist unangetastet,
wird zu seiner Rückkehr nicht einmal „Ja" gesagt werden."

Nach seiner Niederlage in der Schlacht von Worcester (1651) floh Karl II. über Schottland nach Frankreich ins Exil. Sein Sieger Cromwell regierte genau sieben Jahre, ehe Karl 1660 wieder in sein Amt eingesetzt wurde. Seine Rückkehr wurde von allen sehr begrüßt, und seine Reputation hatte durch die Flucht keinen Schaden erlitten.

Der Untergang der französischen Flotte
Centurie III, 87

„Die französische Flotte wird Korsika nicht erreichen;
nicht einmal Sardinien, wie man bedauern wird. Ihr werdet alle sterben,
die Hilfe vom Kap bleibt vergebens, und du, Gefangener,
in deinem Blute schwimmend, wirst mir nicht glauben."

Hier verwendet Nostradamus einmal die direkte Anrede. Er beschreibt den Untergang eines Teils der französischen Flotte unter dem Kommando von Chevalier de la Ferrière, die im Golf von Lyon versank. Viele Seeleute gingen verloren, weil sie schwimmend nicht das nahe Kap de Porceau erreichen konnten.

Der spanische Thronfolger-Krieg
Centurie IV, 2

„Wegen des Todes wird Frankreich eine Reise antreten,
die Schiffe zur See, und die Fußtruppen über die Pyrenäen.
Spanien wird in Schwierigkeiten sein, eine Armee wird sich in Bewegung setzen,
einige der bedeutendsten Frauen werden nach Frankreich gebracht."

Nach dem Tode Karls II., König von Spanien, kommt es zu einem zwölfjährigen Thronfolgekrieg, an dem sich fast ganz Europa beteiligt. Philipp V., ein Enkel Ludwigs XIV., wird König. Damit endet die Habsburgerische Linie in Spanien. Damit aber ist Kaiser Leopold I. nicht einverstanden. Er erhebt für seinen Sohn, den Erzherzog Karl, Erbansprüche auf den spanischen Thron. Er entsendet unter der Führung von Prinz Eugen von Savoyen ein Heer. Der Erbfolgekrieg, der von 1701 bis 1713 dauert, dehnt sich aus: England, Holland und der mit Preußen und Hannover verbündete

Kaiser schließen eine große Koalition, um die Vereinigung Spaniens und Frankreichs unter einem Herrscher zu verhindern. Zur Entstehung des Krieges hatten zwei spanische Prinzessinnen entscheidend beigetragen, die nach Frankreich geheiratet hatten: die späteren Gattinnen von Ludwig XII. und Ludwig XIV.

Die Schlacht von Lodi
Centurie VI, 79

„Nahe dem Tessin die Einwohner von Loire, Garonne und Saone,
der Seine, Tain und Gironde: jenseits der Berge
werden sie ein Vorgebirge bauen. Es kommt zu einem Konflikt;
Pau wird ergriffen, von einer Welle überspült."

Dieser Vierzeiler ist nur dann verständlich, wenn man das Wort „Pau" als Kürzel für Napoleon nimmt. Dann aber wird er mehr als deutlich und beschreibt ein Ereignis, das der große Franzose bei der Schlacht von Lodi am 10. Mai 1796 erlitt. Während die Brücke über den Adda gestürmt wurde, fiel Napoleon ins Wasser. Er wurde jedoch gerettet, bevor er untergehen konnte.

Die Schlacht von Toulouse
Centurie III, 45

„Die fünf Fremden werden den Tempel betreten;
ihr Blut wird das Land entweihen. Das Beispiel,
von den Toulousern gegeben, wird sehr schwer sein, erzeugt von dem Mann,
der kommt, um ihre Gesetze mit der Peitsche auszutreiben."

Nostradamus meint in diesem Vierzeiler mit den fünf Fremden die alliierten Mächte, die sich gegen das Frankreich Napoleons zusammengetan haben: England, Österreich, Spanien, Rußland und

Preußen. Sie marschieren in Frankreich und entweihen so das Land. Die Schlacht von Toulouse (1814), seitens der Allierten von Wellington geführt, war äußerst brutal, und es gab viele Tote. Der Mann mit der Peitsche ist für Nostradamus ein Synonym für die alliierte Macht, die kommt, die Herrschaft Napoleons zu beenden.

Der deutsch-französische Krieg
Centurie IV, 100

„Feuer wird vom Himmel auf das königliche Haus fallen,
wenn das Licht des Krieges schwach wird. Für sieben Monate
wird es einen großen Krieg geben, Menschen werden sterben,
Rouen und Evreux aber werden in ihrer Treue zum König
nicht nachlassen."

Der Glorienschein um die Familie Napoleon Bonapartes ist längst geschwächt und wird mit diesem Krieg ganz erlöschen. Napoleon III. wird zwei Jahre später sterben und Frankreich von da an eine Republik bleiben. Nostradamus sieht mit dem ersten Satz dieses Vierzeilers bereits das Kanonenfeuer voraus, das den Krieg von 1870/71 entscheiden wird. Während der Belagerung von Paris wird der königliche Palast zerstört. Die beiden Städte, die Nostradamus in der letzten Zeile nennt, gehören zur Normandie, jenem Teil Frankreichs, in dem man schon immer die Monarchie erhalten wollte.

Päpste, die Nostradamus sah

Pius VI.
Centurie I, 37

„Kurz bevor die Sonne untergeht, ist ein Kampf
im Gange. Eine große Nation ist unsicher.
Überwindung, der Seehafen gibt keine Antwort,
und das Grab, beides an fremden Plätzen."

In diesem Vierzeiler beschäftigt sich Nostradamus mit Papst Pius VI., dem er insgesamt fünf Prophezeiungen einräumte. Mit der untergehenden Sonne ist die innere Zerstörung im Frankreich nach der Revolution gemeint. Dies würde auch die Unsicherheit der großen Nation erklären.

Papst Pius starb 1799 in Valence. Er war in Frankreich gefangengenommen worden und fand auch hier, in fremder Erde, sein Grab. Mit dem Seehafen, der nicht antwortet, dürfte Napoleon gemeint sein, der sich noch in Ägypten befindet.

Centurie II, 97

„Der römische Pontifex sollte sich hüten,
sich einer Stadt zu nähern, die von zwei Flüssen
gewässert wird. Du wirst Blut an diesem Platz spucken,
du und die deinen, wenn die Rosen blühen."

Im Originaltext heißt es „Pontife" im ersten Vers. Trotzdem ist zweifelsfrei, wen Nostradamus mit seiner Prophezeiung meint: den Papst. Er war von den Franzosen gefangengenommen worden, nachdem sie Rom eingenommen hatten. Die zwei Flüsse, von denen hier die Rede ist, sind die Rhône und die Saone in der Nähe von Lyon.

Erstaunlich: Der Papst starb wirklich an einem Blutsturz. Er litt seit dem Sommer (wenn die Rosen blühen) an Anfällen von schmerzhaften Brechreizen. Mit der Mehrzahl in der Anrede in dem letzten Vers des Vierzeilers geht Nostradamus auf die 32 Priester ein, die zusammen mit Papst Pius VI. gefangengehalten wurden.

Papst Pius VII.
Centurie V, 15

„Der große Papst wird während des Segelns gefangen-
genommen werden;
große Vorbereitungen des verängstigten Klerus
werden fehlschlagen. Der zweite ausgesuchte Abwesende,
seine Macht wird nachlassen, sein Lieblings-Bastard,
zu Tode kommen."

Nostradamus beschreibt hier das Schicksal eines Papstes, das dem von Pius VI. fast auf das berühmte I-Tüpfelchen ähnelt. Papst Pius VII. wird von Napoleon gefangengenommen, obwohl er nach Paris kam, um den Kaiser zu krönen (1804).

Die Sorgen des Klerus sind zweierlei Natur: Zum einen sorgt man sich um das Schicksal des Papstes, das ungewiß ist. Zum anderen hat sich gerade die französische Kirche noch immer nicht von den Folgen der Revolution erholt, in deren Verlauf ihr die Ausübung von Gottesdiensten verboten worden war. Papst Pius VII. ist der zweite Petri-Nachfolger, der für mehrere Jahre von Rom entfernt ist. Mit dem Bastard des letzten Satzes ist Napoleon gemeint, der 1808 Rom überfällt und den Papst gefangennimmt. Auch wenn er ihn nicht tötet. Eine Doppelbedeutung könnte der Satz haben „seine Macht wird nachlassen". Hier könnte es sich auch um einen Machtverlust Napoleons handeln, weil er vom Papst eine Krone empfangen hat, die ihm eigentlich gar nicht zusteht: die Kaiserkrone.

Papst Leo XIII.
Centurie VI, 6

„Er wird gegen Norden erscheinen,
nicht weit entfernt von dem festen Stern im Krebs;
Susa, Siena, Boetien, Eretrien, der große Mann von Rom
wird sterben, die Nacht vergehen."

Der große Mann von Rom war wohl Papst Pius IX., der im Februar 1878 starb. Sein Nachfolger wurde Papst Leo XIII., dessen Familienwappen einen Kometen enthält, einen Fixstern. Er wird auch das „Licht am Himmel" genannt, und zwar von dem Propheten Malachi. Nostradamus sieht in ihm einen neuen Aufschwung der Kirche kommen. Papst Leo XIII. stirbt 1903, er wird 1878 zum Papst gekrönt.

Papst Johannes XXIII.
Centurie VI, 26

„Für vier Jahre wird der Sitz eingenommen werden
für etwas Gutes,
und einer wird Nachfolger, der lebenslustiger ist.
Ravenna und Pisa, Verona werden ihn unterstützen,
voller Sehnsucht, das päpstliche Kreuz zu erhöhen."

Nostradamus beschreibt hier eigentlich das Schicksal zweier Päpste. Einer wird nach vier Jahren Amtszeit sterben. Ihm wird ein anderer nachfolgen, der lebenslustiger ist. Der erste Teil der Prophezeiung könnte auf Papst Johannes XXIII. zutreffen, der nach viereinhalb Jahren starb. Er zählt vermutlich zu den beliebtesten und populärsten Päpsten der letzten Jahrhunderte. Paul VI., sein Nachfolger, ist Papst bis 1978. Sein Nachfolger, Johannes Paul I., stirbt nach nur siebenwöchiger Amtszeit. Als sein Nachfolger wird der polnische Kardinal Karol Wojtyla zum Papst gewählt, der den Namen Johannes Paul II. annimmt.

Besondere Ereignisse und Katastrophen

Die Einführung des Gregorianischen Kalenders
Centurie I, 42

„Der zehnte Tag im Monat April, berechnet nach gotischer Art,
wird wieder erneuert von schlimmen Leuten.
Das Feuer ist ausgestreut, und die Ernte des Teufels
sucht die Knochen des Dämons von Psellus."

Nostradamus scheint die Einführung des Gregorianischen Kalenders im Jahre 1582 vorhergesehen zu haben. Er mußte sie aber so verschlüsselt prophezeien, daß sie nicht sofort zu deuten war. Andernfalls er einen Prozeß wegen magischer Praktiken zu fürchten gehabt hätte. Er verwendet deshalb in seinem Urtext das Wort „d'Amant" anstelle des Wortes „Demon", das aber für Nostradamus-Forscher durch das Buch von Michael Psellus „De Dominibus" verständlich wurde. Der zehnte Tag im April entspricht dem 10. April. Und als der Gregorianische Kalender eingeführt wurde, wurden zehn Tage zurückgerechnet. Nostradamus hält die Einführung für ein Werk des Satans. Die Beschwörung von Dämonen und das Feuer künden unheilvolle Zeiten an.

Der Tod von Kardinal Armand Richelieu
Centurie VIII, 68

„Der alte Kardinal wird von dem Jungen empfangen, er wird
sich selbst entwaffnet finden, aus seiner Stellung verstoßen:
Zeige nicht, Arles, daß die Zweifel erkannt sind,
Liqueduct, er und der Prinz einbalsamiert.“

Der alte Kardinal, der Herzog Armand de Richelieu, zählt zu den wichtigsten Persönlichkeiten des 17. Jahrhunderts, die die französische Innen- und Außenpolitik entscheidend geprägt haben. Er ist in seinem Todesjahr 1642 genau 57 Jahre alt. Er wird in der Gunst König Ludwigs XIII. von politischen Gegnern schlecht gemacht, weil er sich gegen den Hochadel für den Absolutismus des Königs durchgesetzt hatte. Er muß zurücktreten. In Arles findet er die Kopie eines Vertrages mit Spanien, den der Bruder des Königs unterzeichnet hat. Er berichtet seinem König von diesem Verrat und fährt trotz seiner Krankheit mit dem Schiff nach Paris. „Liqueduct“ steht als literarisch freier Begriff für „vom Wasser geführt“, was die Reise des Kardinals treffend beschreibt. Fünf Monate nach dem Kardinal stirbt auch der König, und beide Körper werden, wie es Nostradamus prophezeit hat, einbalsamiert.

Die Seuche von London
Centurie II, 53

„Die große Seuche in der Seestadt wird nicht aufhören,
bis der Tod gerächt ist
durch das Blut eines gerechten Mannes, der gefaßt und
verurteilt wird
für ein Verbrechen, das er nicht begangen hat; die große Frau
ist durch die Vorspiegelung falscher Tatsachen schwer beleidigt.“

Mit der großen Frau meint Nostradamus wohl die Kirche, die nach dem Sturz Karls I. wieder katholisiert worden war. Der Seher, der in mehreren Prophezeiungen kein Hehl aus seinen Empfindungen für den gestürzten König gemacht hatte, sieht in der Seuche von London 1665 und dem großen Brand ein Jahr später – siehe unten – die gerechte Strafe für das Verbrechen an einem seiner Ansicht nach unschuldigen Mann. Nostradamus stand allen protestantischen Glaubensformen nahe.

Der große Brand von London
Centurie II, 51

„Das Blut des Gerechten wird schuld daran sein,
daß in London 1666 ein Feuer ausbricht.
Die alte Frau wird von ihrer hohen Stellung fallen,
und viele der gleichen Klasse werden getötet werden."

Dies ist einer der wenigen Vierzeiler, in denen sich Nostradamus auf eine Jahreszahl für ein vorhergesagtes Ereignis festlegt. Er umschreibt sie im Originaltext mit dreimal zwanzig plus sechs. Verantwortlich für das Feuer ist die Tatsache, daß das Blut eines Gerechten vergossen wurde, das von König Karl I. (siehe vorheriger Vierzeiler). Mit der „alten Frau" ist wohl die Kirche St. Paul gemeint, die zerstört wurde und in der viele Menschen den Tod fanden. Sie hatten dort Zuflucht gesucht, in der Hoffnung, daß der Steinbau mehr Schutz als ihre Holzhäuser biete. Aber die Hitze war so groß, daß der monumentale Steinbau einstürzte.

Ereignisse um 1700
Centurie I, 49

„Lang bevor das alles geschieht, wird das
Volk des Ostens, durch den Mond beeinflußt,
im Jahr 1700 viele vertreiben und fast
die nördlichen Länder unterwerfen."

Diese Prophezeiung von Nostradamus hat etwas allgemeinen Charakter: So fiel zum Beispiel August II. im Februar dieses Jahres in Schweden ein. Mit dem Einmarsch Augusts des Starken, des Kurfürsten von Sachsen, beginnt der „nordische Krieg". Seine Verbündeten sind die „Nord"-Staaten Rußland und Polen. Zar Peter I. erklärt dem Schwedenkönig den Krieg, weil er um dessen Vorherrschaft im Ostseeraum fürchtet. Der Schwedenkönig Karl XII. bleibt zunächst siegreich und kann Island erobern. Nostradamus bezeichnet deshalb wohl die Schweden als „Volk des Ostens".

Der Fall Dreyfus
Centurie I, 7

„Zu spät angekommen wird der Akt bereits vorbei sein.
Der Wind war gegen sie, Briefe wurden auf ihrem
Weg abgefangen.
Die Verschwörer waren 14 an der Zahl.
Von Rousseau werden diese Unternehmungen betrieben."

Hier ist der Schlüssel zu dem Vierzeiler der Name „Rousseau", mit dem Nostradamus wohl M. Waldeck Rousseau, einen französischen Minister, der 1899 Alfred Dreyfus, einen französischen Soldaten jüdischer Abstammung, freilassen mußte. Zunächst war Dreyfus 1894 wegen Landesverrats verurteilt und verbannt worden. 1899 wurde er begnadigt, aber dann wegen antisemitischer Strömungen erneut angeklagt. Nostradamus nennt den Beweis sei-

Noch vor Ende dieses Jahrtausends erwartet Nostradamus Erdbeben und Vulkanausbrüche ungeheuren Ausmaßes auf der ganzen Welt. *(Foto: Süddeutscher Verlag)*

Diese blutigen Männer hat der Prophet des 16. Jahrhunderts für unsere Zeit angekündigt: Hitler (oben links) mit seinem teuflischen Berater Göbbels (oben rechts). Gaddafi (links), der sich erst noch schrecklich zeigen wird und den fanatischen Khomeini (rechts). *(Fotos: Süddeutscher Verlag)*

Die größte Bedrohung in unserem Jahrhundert bleibt die Atombombe, die in einem dritten Weltkrieg zum sicheren Einsatz kommen wird. *(Foto: Süddeutscher Verlag)*

Von den Menschen verursachte Umweltkatastrophen, wie diese Ölpest, werden immer mehr das Bild unseres Planeten prägen. *(Foto: Süddeutscher Verlag)*

ner Unschuld „zu spät", da er bereits eine Strafe unschuldig absitzen mußte. Er wird schließlich erst 1906 freigesprochen und rehabilitiert, nachdem die ihn belastenden Dokumente (Briefe) als Fälschungen erkannt wurden. Rousseau galt als eingeschworener Gegner von Dreyfus und betrieb auch den zweiten Prozeß gegen ihn.

Die Französische Revolution

Centurie I, 3

„Wenn die Sänften vom Wirbelwind umgestürzt werden
und die Gesichter von Mänteln bedeckt sind, wird die neue Republik
durch die eigenen Reihen in Schwierigkeiten geraten. In dieser Zcit
werden die Roten und die Weißen falsch regieren."

Nostradamus, der die kommende Revolution nicht nur in seinen Centurien vorhersah, sondern auch in seiner Vorrede an seinen Sohn Cäsar beschrieb, sah in ihr die große Wende des 18. Jahrhunderts.

Er beschreibt in diesem Vierzeiler den Verlauf der Französischen Revolution.

Die Sänften, von denen er spricht, waren das Symbol des privilegierten weltlichen und christlichen Adels. Mit den „von Mänteln bedeckten Gesichtern" meint er vermutlich die Köpfe der durch die Guillotine umgekommenen Menschen, die bedeckt wurden.

Die neue Republik, von Danton, Murat und Robespierre proklamiert, gerät nach seinen Voraussagen auch gleich in Schwierigkeiten. Nicht von ungefähr wird deshalb Danton der Satz zugeschrieben: „Die Revolution frißt ihre eigenen Kinder." Weiß ist die Farbe der Bourbonen-Könige, rot die der Revolutionäre. Mit dem „falschen Regieren" beider Parteien sind die jeweiligen Reaktionen gemeint: Der Adel hatte diese Entwicklung im Volk lange nicht wahrgenommen oder bewußt übersehen und reagierte deshalb in den ersten Tagen der Revolution falsch. Die Revolutionäre dagegen proklamierten die Menschen- und Bürgerrechte nach amerikanischem Muster, festigten aber ihre Macht ganz und gar nicht nach den sich selbst vorgegebenen Idealen: durch Verhaftungs- und Hinrichtungswellen.

Centurie I, 14

„Von der unterdrückten Bevölkerung, Lieder, Choräle
und Forderungen,
während Prinzen und Herren in Gefängnissen
gefangengehalten werden. Diese werden künftig
von kopflosen Idioten behandelt werden wie die Prediger Gottes."

Dieser Vierzeiler wurde von den meisten Nostradamus-Forschern so gedeutet, daß er sich auf die Lieder, Spottgesänge und Forderungen des Pöbels während der Gefangenschaft von König Ludwig XVI. bezieht. Der König und seine ganze Familie wurden 1792 als Gefangene in den Tempel gebracht. Mit den Idioten sind die Führer der Revolution gemeint, die später ebenfalls durch die Guillotine hingerichtet werden. Im Verlauf der Revolution wurden unter der Schreckensherrschaft von Robespierre auch alle Gottesdienste abgeschafft.

Centurie I, 54

„Zwei Revolutionen werden von dem üblen Schnitter verursacht,
die eine Änderung der Herrschaft und der Jahrhunderte bewirken.
Das bewegliche Zeichen kehrt in sein Haus zurück:
gleich in seiner Gunst für beide Seiten."

Mit den beiden Revolutionen meint Nostradamus die französische und die russische Revolution, die in zwei verschiedenen Jahrhunderten und in zwei verschiedenen Ländern die Monarchie beenden und eine neue Ära einleiten. Unter dem „üblen Schnitter" versteht der Seher Saturn, den Planeten des Unheils. Der zweite Teil des Vierzeilers bezieht sich wohl auf die russische Revolution: das „bewegliche Zeichen“ könnte Lenin sein, der im Verlauf der Revolution nach Rußland zurückkehrt. Mit dem letzten Satz könnte sein Verhältnis zu Deutschland und Rußland gemeint sein: dem – noch – monarchistischen Deutschland und dem – bereits – überwiegend sozialistisch-kommunistischen Rußland.

Centurie II, 10

„Lang bevor wird alles organisiert sein; wir erwarten
ein sehr übles Jahrhundert. Der Staat der Maskierten und der Einsiedler
wird sich sehr ändern, und wenige werden merken,
daß sie wünschen, in ihren Stand zurückzukehren.“

Eine etwas allgemein gehaltene Beschreibung der französischen Revolution, in der insbesondere zwei Stände eine totale Veränderung erfuhren. Der eine (die Maskierten) ist der Richterstand, der andere (die Einsiedler) ist die Kirche, der Klerus. Beide Bevölkerungsgruppen erleiden große finanzielle Verluste, und viele Menschen müssen wegen ihrer Stellung oder ihrer Funktion in den ersten Revolutionsjahren sterben. Die wenigen, die überleben, wünschen sich naturgemäß die alten Zeiten zurück.

Centurie III, 59

„Das Reich der Barbaren wird von einer dritten Macht,
der größeren Masse des Volks besetzt, die sterben muß.
Der vierte Mann, alt, von seinem Land getötet, fürchtet,
daß die Linie seines Blutes sterben wird.“

Zur Zeit der Französischen Revolution gab es drei Kommitees für öffentliche Sicherheit. Das Reich der Barbaren ist hier erstaunlicherweise das der Bourbonen. Die absolute Macht der Könige wird im neuen Frankreich durch die Sicherheits-Komitees übernommen, die ebenfalls über Tod und Leben befinden können. Sie repräsentieren das Volk, sind aber auch für den Tod vieler Menschen verantwortlich. Mit dem zweiten Teil seines Vierzeilers meint Nostradamus Napoleon, der 1799 die Macht übernahm und auf der Insel St. Helena 1821 stirbt. Der große Herrscher der Franzosen befürchtete zeit seines Lebens, daß seine Linie aussterben würde, und erließ deshalb ein Gesetz, das die Monarchie erblich machte.

Centurie VIII, 19

„Für die Unterstützung der großen Cappe, in Nöten;
die Roten werden marschieren, um es zu klären;
fast eine ganze Familie wird sterben, die Roten
werden den Roten umbringen."

Die Vorliebe von Nostradamus, Namen so zu ändern, daß sie nur sehr schwer zu enträtseln sind, ist hinlänglich bekannt. Es ist deshalb mit an Sicherheit grenzender Wahrscheinlichkeit anzunehmen, daß er mit „Cappe" den Familiennamen der französischen Königslinie meint, Capulet. Er sieht die Königsfamilie in großen Schwierigkeiten, in denen sie vom französischen Volk alleingelassen wird. Die Republikaner (die Roten) werden gegen sie vorgehen, um die Lage endgültig zu klären. Bis auf des Königs Schwester, Elisabeth, werden alle Familienmitglieder getötet. Danach werden die Extremisten der Revolution die Gemäßigteren umbringen. Vermutlich ist mit dem Satz Robespierre gemeint, der ebenfalls guillotiniert wurde.

Centurie IX, 17

„Der Dritte verhält sich zunächst schlimmer als Nero
und vergießt tapferes menschliches Blut. Dann wird
der Hochofen wieder aufgebaut werden, ein Goldenes Zeitalter;
danach Tod, ein neuer König und ein großer Skandal."

Mit dem „Dritten" bezeichnet Nostradamus die Nationalversammlung, der er vorwirft, grausamer als Nero zu sein, der für seine Zeit noch immer der Inbegriff des Grausamen schlechthin war. Die Nationalversammlung „rechtfertigte" diesen Vorwurf aus der Vergangenheit: Sie ließ die Guillotine auf dem Platz der Revolution errichten, gegenüber der Stelle, wo früher Brennöfen aus Ziegeln standen. Das Goldene Zeitalter scheint vorüber. Der „große Skandal" könnte die Ermordung der französischen Königsfamilie sein, die die Fürstenhäuser in ganz Europa entsetzte. Der neue König heißt „die Macht des Volkes" – für den Adel der damaligen Epoche ebenfalls ein unvorstellbarer Zustand.

Napoleon I. und seine Auswirkungen

Centurie I, 4

„Es wird einen König in der Welt geben,
der nur wenig Frieden und ein kurzes Leben hat.
Zu dieser Zeit wird das Boot des Fischers
verlorengehen, getrieben zu seinem größten Nachteil."

In den Prophezeiungen von Nostradamus nimmt Napoleon einen gewichtigen Platz ein. Dies wird dokumentiert zum einen durch die Vielzahl der Vierzeiler, die der Seher dem berühmten Franzosen widmet, zum anderen aber durch unglaublich viele Details in seinen Versen, die Napoleon eindeutig identifizieren. Bei dem oben abgedruckten Vierzeiler handelt es sich um die Beziehung Napoleons zu Papst Pius VII. Nostradamus sieht voraus, daß Napoleon sich selbst zum König krönt (am 18. Mai 1804). Er muß im April 1814 abdanken. Seine Regentschaft beträgt damit nur zehn Jahre, eine sehr kurze Zeitspanne. Und Frieden zeichnete seine Regentschaft nun wirklich nicht gerade aus. Als Papst Pius zum erstenmal nach Frankreich kam, krönte er Napoleon zum Herrscher. Als er das zweite Mal die Grenze überschritt, war er ein Gefangener. Nostradamus umschreibt den Nachfolger Petri als „Boot des Fischers". Den vorübergehenden Untergang der katholischen Kirche als Staat besiegelte 1809 General Miolis, der zunächst Rom und 1810 auch den Vatikan einnahm und dem französischen Reich einverleibte. Der Papst wurde bis zur Abdankung von Napoleon am 23. Januar 1814 gefangengehalten. Mit dem letzten Teil des letzten Satzes beschreibt Nostradamus den Niedergang der Kirche in Frankreich, der mit dem Verbot der Gottesdienste 1792 während der französischen Revolution eingeleitet wurde.

Centurie I, 32

„Das große Reich wird bald mit einem kleinen Platz
ausgetauscht werden, der dann schnell zu wachsen beginnt.
Ein kleiner Platz eines winzigen Bezirks in der Mitte,
von dem er kommt, um sein Zepter niederzulegen."

Interessant bei allen Prophezeiungen, die Napoleon betreffen, erscheint insbesondere die Bezeichnung „das große Reich" und nicht etwa „Königtum", wie anzunehmen gewesen wäre. Nostradamus prophezeit in diesem Vierzeiler den Abstieg Napoleons vom absoluten Herrscher über ein riesiges Reich: Er muß nach seiner Abdankung nach Elba gehen, von wo aus er noch einmal beginnt, sein Imperium aufzubauen. Es bleibt beim Versuch: die berühmten hundert Tage. Danach wird er endgültig auf die Insel St. Helena verbannt. Hier endet seine Macht endgültig.

Centurie I, 60

„Ein Herrscher wird nahe Italiens geboren werden,
der das Reich sehr viel kosten wird.
Man wird sagen, wenn man seine Verbündeten sieht,
daß er weniger ein Prinz ist denn ein Schlachter."

In diesem bekannten Vierzeiler geht Nostradamus auf die Abstammung und den Geburtsort Napoleons ein. Die Insel Korsika liegt nicht weit von Italiens Küsten. Und wenn Nostradamus den Franzosen als Mann umschreibt, der sein Reich teuer zu stehen kommt, so meint er damit zweifelsohne die ungeheuren Kosten und die vielen Toten, die Napoleons Kriegszüge mit sich brachten. Seine Verbündeten sind Schlachtenglück, militärisches Können und Geschick sowie die genaue Kenntnis über die Zerbrechlichkeit von politischen Allianzen und über menschliche Schwächen wie etwa Eitelkeit, mit der man Bundesgenossen ködern kann. Das Resultat seiner „Verbündeten" allerdings ist erschreckend: unzählige Tote auf den europäischen Schlachtfeldern. Kein Wunder, daß ihn Nostradamus eher mit einem Schlächter als mit einem Prinzen vergleicht.

Centurie I, 76

„Dieser Mann wird mit einem barbarischen Beinamen
genannt werden,
den die drei Schwestern vom Schicksal erhalten. Er wird
zu einer großen Menge sprechen in Worten und Taten, und er wird
einen größeren Ruf und mehr Ruhm besitzen als andere Männer."

Napoleon kann guten Gewissens in mehr als einem Sinn als Barbar bezeichnet werden. Da ist zunächst einmal seine Abstammung als einfacher Korse, die ganz und gar nicht den Vorstellungen etwa der Pariser Gesellschaft von einem Herrscher entsprach. Und seinen Aufstieg zum König und Kaiser Frankreichs verdankt er nur seinem Schlachtenglück, das Hunderttausende von Soldaten mit ihrem Leben bezahlten. Mit den „drei Schwestern vom Schicksal" sind die drei geheimnisvollen und mystischen Göttinnen gemeint, die den Schicksalsfaden eines jeden Menschen spinnen. Napoleons Redekunst ist bekannt. Berühmt seine Ansprachen an die Soldaten (= eine große Menge) und seine Taten (= gewonnene Schlachten).

Centurie I, 93

„Die italienischen Länder nahe den Bergen werden erbeben.
Der Hahn und der Löwe sind nicht sehr vereint.
Auf den Plätzen der Furcht aber werden sie sich helfen.
Freiheit nur bringt den Franzosen Mäßigung."

Die Berge, um die es in diesem Vierzeiler geht, sind wohl die Alpen. Hier wird der Feldzug Napoleons gegen Italien (1796) beschrieben, bei dem er mehrfach die Österreicher besiegt, den König von Sardinien zur Abdankung zwingt und Papst Pius VI. zum Frieden. Der Feldzug endet mit der Eroberung der Lombardei, der Einnahme Mantuas, seinem Zug über die Ostalpen und den Friedensverhandlungen zu Leoben. Hahn (Franzosen) und Löwe (England) geraten in Streit. Diese Feindschaft – und hier sieht Nostradamus weit über das Leben Napoleons hinaus – wird nur dann aufgehoben, wenn es gilt, gemeinsame Gegner zu bekämpfen: wie etwa in den zwei Weltkriegen des 20. Jahrhunderts. Er prophezeit hier sogar die sich anbahnende Freundschaft zwischen Deutschland und Frankreich nach dem Zweiten Weltkrieg, wenn er sagt, daß es nur in einem freien Frankreich Mäßigung (also ein Nachlassen der Feindschaft) geben kann.

Centurie II, 66

„Der Gefangene entkommt großer Gefahr, sein
Glück wechselt stark innerhalb kurzer Zeit.
Die Menschen sind im Palast gefangen und,
durch ein gutes Omen, in der Stadt eingeschlossen."

In diesem Vierzeiler geht es um die berühmten „hundert Tage" Napoleons. Zunächst schildert Nostradamus die gefährliche Flucht von Elba am 1. März 1815, bei der Napoleon Kopf und Kragen riskiert. Das Glück des einstigen Kriegshelden wechselt dann sehr schnell innerhalb kürzester Zeit. Er kehrt siegreich nach Paris zurück und wird dort vom Pöbel begeistert empfangen. Nach Augenzeugenberichten hat ihn das einfache Volk auf den Schultern in den Palast zurückgetragen, den er zuvor hatte räumen müssen, wobei das Schloß so mit Menschenmassen überfüllt war, daß man buchstäblich weder vor noch zurück gehen konnte. Nostradamus schildert diese Enge im zweiten Satz des Vierzeilers. Und die Tatsache, daß Napoleon Paris einnehmen kann, bezeichnet der Seher als ein gutes Omen, denn es leitet bereits die endgültige Niederlage Napoleons ein.

Centurie II, 99

„Das Land Roms, das Schicksal bringt, wird durch die französische Nation
stark beeinträchtigt werden. Aber die Franzosen
werden den Schrecken zu spüren bekommen, in der Zeit,
wenn der Nordwind ihre Schiffe zu weit getragen hat.“

Hier zieht Nostradamus eine Verbindung zwischen der Eroberung des Vatikans durch das französische Reich im Jahre 1810 und Napoleons Niederlage in Rußland, wo er sich nach dem Brand Moskaus 1812 geschlagen zurückziehen muß. Napoleon, der die Schlacht bei Trafalgar verliert, muß seine Expansionspolitik auf das Festland beschränken, wo er schließlich scheitert.

Centurie VIII, 1

„Pau, Nay, Loron wird mehr aus Feuer denn aus Blut sein,
zu schwimmen in Lobpreisung, wird der Große zum Zusammenfluß fliehen.
Er wird den Schwätzern den Eintritt verwehren,
und Pampon und Durance wird sie eingesperrt halten.“

Obwohl es auch Städte dieses Namens im westlichen Frankreich gibt, dürfte sich die erste Zeile auf Napoleon beziehen. Sie ist nämlich als eines jener bekannten Wortspiele von Nostradamus anzusehen.

Richtig zusammengesetzt ergeben sie folgenden Sinn: Napaulon Roy (der König), was Napoleon, der König, heißen muß. Wobei es durchaus zulässig ist, anstelle des „O's" ein „Au" zu verwenden, da der französische Herrscher aus Korsika stammt, wo man damals ein Gemisch aus Italienisch und Französisch sprach. Der zweite Teil der Prophezeiung wird von einigen Nostradamus-Forschern in Verbindung mit der Gefangennahme von Papst Pius VI. und VII. gebracht. Sprachgelehrte haben „Pampon" mit „Verzweiflung" übersetzt, was einen gewissen Sinn ergeben würde, da Papst Pius VII. in der Nähe von Durance gefangengehalten wurde, Papst Pius VI. dagegen in Valence, wo die Flüsse Rhône und Isère zusammenfließen. So gesehen könnten mit dem zweiten Satz durchaus die Päpste gemeint sein, deren Aufgabe es ja war, Gott zu preisen. Papst Pius VI., der in der Gefangenschaft Napoleons starb, blieb die letzte Zeit seines Lebens ohne jegliche Verbindung zur Außenwelt.

Centurie VIII, 57

„Von einem einfachen Soldaten wird er sich ein Reich aufbauen,
von einem kurzen Rock wird er in eine lange Robe hineinwachsen.
Tapfer in den Armen, um vieles schlimmer zu der Kirche,
wird er die Priester quälen wie Wasser den Schwamm füllt."

Die Verse, die sich auch auf Hitler beziehen könnten, werden Napoleon vor allem der Hinweise auf seine Kleidung wegen zugeschrieben. Napoleon begann seine Karriere als einfacher Soldat und wurde dann Erster Konsul der Französischen Republik, ehe er sich zum Kaiser krönen ließ. Er tauschte den kurzen Soldatenrock mit der festlichen Robe eines Kaisers. Tapfer in Schlachten, behandelte er die Priester mehr als schlecht. Der Vergleich des Wassers, das den Schwamm füllt, drückt treffend die schwere Last aus, die der absolute Herrscher seinem Klerus aufbürdete.

Centurie IX, 99

„Der Nordwind wird die Belagerung aufheben,
über die Wälle Asche, Bäume und Staub werfen;
durch den nachfolgenden Regen, der ihnen viel Leid zufügt,
wird ihre letzte Rettung sein, sich an den eigenen Grenzen
zu treffen."

Im Originaltext heißt es anstelle des Nordwindes „Aquilon". Viele Kommentatoren sind bei ihrer Deutung der Nostradamus-Prophezeiung davon ausgegangen, daß es sich bei diesem Wort um ein Synonym für den Begriff Norden handelt. Unter dieser Voraussetzung würde dieser Vierzeiler treffend den Rückzug Napoleons aus Moskau beschreiben. Denn der Nordwind bedeutet in Rußland auch Winter. Und mit dem zweiten Satz könnte der berühmte Brand Moskaus gemeint sein. In den darauf einsetzenden Schneefällen – im russischen Winter gibt es keinen Regen – müssen sich die französischen Truppen unter großen Verlusten zurückziehen. Der Kaiser erreicht Paris allein („Der Kaiser ist gesund, die Große Armee so gut wie vernichtet.").

Centurie X, 90

„Der unmenschliche Tyrann wird einhundert Tode sterben
und ein weiser
und sorgenfreier Mann an seine Stelle treten. Er wird den ganzen
Senat in seinen Händen halten, er wird
in Schwierigkeiten geraten durch einen erbärmlichen Schurken."

Napoleon starb in seiner Verbannung auf St. Helena hundert Tode. Des Lebens überdrüssig, versuchte er mehrmals, seine Wächter zu überreden, ihm den Freitod zu ermöglichen. An seine Stelle trat Ludwig XVIII., der von beiden Häusern des Parlaments bis hin zum letzten Mann zum neuen König gewählt wurde. Die Schwierigkeiten, von denen Nostradamus im letzten Satz spricht, ist der Meuchelmord an dem Herzog de Berry, der damit seinem Vater, Karl X., die Thronbesteigung ermöglichte (1824).

Napoleon III
Centurie II, 92

„Purpurn die Farbe des Goldes am Himmel, von der Erde aus gesehen,
geschlagen durch den Hochgeborenen, ein erstaunliches Zusammentreffen.
Ein großes Gemetzel der Menschlichkeit; ein Neffe des Großen;
der Tod des Betrachters, der Stolze entkommt."

In diesem Vierzeiler geht Nostradamus auf das Schicksal von Napoleon III. ein. Dies wird im dritten Satz deutlich. Bei dem Neffen des Großen handelt es sich eindeutig um den Neffen Napoleons, der als Napoleon III. in die Weltgeschichte einging. Im ersten Satz beschreibt der Seher die deutsche Artillerie. Im zweiten ein mehr als erstaunliches Ereignis: Napoleon III. fiel eine Kanonenkugel direkt vor die Füße. Der Neffe des großen Franzosenkaisers wird bei der französischen Kapitulation im Jahre 1870 gefangengenommen, und zwar in der Schlacht bei Sedan. Damit ist die Ära des napoleonischen Kaisertums endgültig zu Ende. 1871 geht der Ex-Kaiser nach England.

Centurie V, 6

„Das Schicksal wird seine Hand auf des Königs Haupt legen
und für den Frieden in Italien sorgen.
Das Zepter wird in seine linke Hand wechseln,
und vom König wird er ein friedlicher Herrscher werden."

Der Papst war der Taufpate des späteren Napoleon III. Dies meint wohl Nostradamus in dem ersten Vers des Vierzeilers. Er war mit seinen Regierungsgeschäften in Italien alles andere als erfolgreich, da er sich zu sehr durch den Vatikan leiten ließ. Dies aber bewirkte letztendlich den Frieden in Italien. Französische Truppen besiegen 1849, ein Jahr nach seiner Wahl, den Freiheitshelden Garibaldi und sorgen für eine Wiederherstellung der päpstlichen Herrschaft in Rom. Der Wechsel des Zepters aus der rechten in die linke Hand kann sowohl die eigene Krönung zum Kaiser bedeuten als auch eine mögliche Mittäterschaft bei der Französischen Revolution im Jahre 1848. Dennoch zeichnet ihn Nostradamus als friedlichen Monarchen, dessen Leitspruch war: „Die Kunst des Reiches heißt Frieden."

Centurie V, 20

„Eine große Armee überquert die Alpen.
Kurz bevor ein schlimmes Monster geboren wird.
Auf eine seltsame Art und Weise wird die große Toscana,
plötzlich, wieder zum Land ihrer eigentlichen Einwohner."

Napoleon III. zog mit einer großen Armee 1859 über die Alpen. Er kann in Allianz mit den Italienern Österreich schlagen. Mit dem schlimmen Monster meint Nostradamus wohl den Freiheitshelden Garibaldi – er muß unglaubliche Angst vor dem Wunsch des Volkes nach mehr Rechten und Freiheit gehabt haben. Was nur durch die Zeit erklärbar ist, in der er lebte. Denn damals sah man das gemeine Volk als Pöbel an, der – wäre er an die Regierung gekommen – wohl eher zerstörend als aufbauend gewirkt hätte. Und Nostradamus ist außerdem durch seine Verbindung zu Fürstenhäusern in seiner Meinung stark beeinflußt. Der erste Erfolg des Kriegszugs von Napoleon III. ist die Vertreibung von Leopold II., eines Habsburgers, aus Florenz. Der Herzog der Toscana mußte nach Österreich fliehen und so den Italienern ihr Land überlassen. Er erfüllte so den letzten Vers dieser Prophezeiung.

Der Erste Weltkrieg

Centurie I, 15

„Mars schlägt uns mit der Gewalt des Krieges
und wird das Blut siebzigmal verströmen lassen.
Die Kirche wird sowohl untergehen wie größer werden,
durch die, die nichts von ihr lernen wollen.“

Nostradamus beschreibt in diesem Vierzeiler den plötzlichen Ausbruch des Krieges. Er nennt die Zahl siebzig, die fast exakt der Anzahl der großen Schlachten im Ersten Weltkrieg entspricht. Die Kirche, die vor dem Krieg viel an Ansehen verloren hatte, wird durch das eintretende Elend wieder mächtiger. Dieser Eifer für den christlichen Glauben läßt aber danach wieder nach. Nostradamus, der hier deutlich auf das Nachlassen der Religiosität anspielt, sieht in einem anderen Vierzeiler eben darin auch eine Ursache für das Aufkommen des Zweiten und Dritten Antichristen: die Bewegung des Faschismus und des Marxismus bzw. des Kommunismus.

Centurie II, 76

„Ein Leuchten in Burgund wird unheilvolle Ereignisse bringen.
Ein Ding, das nie durch einen Trick hätte geschaffen
werden können.
Ein lahmer Priester wird über die Angelegenheiten
des Senats dem Feind berichten.“

Der Visionär sieht in diesem Vierzeiler die Ferngeschütze, die über eine große Entfernung hinweg Unheil brachten. Die von den deutschen Rausenberger und Krupp entwickelten Geschütze waren damals in der Nähe von St. Gobain, einem Ort in Burgund, stationiert und beschossen von dort aus das rund 100 Kilometer entfernte Paris. Zufall oder Vorhersehung? Eventuelle Zweifel werden verschwinden, wenn man erfährt, daß der Abt Cochin, zweifelsfrei ein Priester, als Spion den Deutschen Geheimnisse verriet. Mit dem Wort „lahm" bezeichnet Nostradamus wohl seine falsche Gesinnung.

Centurie II, 100

„Auf den Inseln wird ein entsetzlicher Tumult entstehen,
obwohl einer nur eine kriegsähnliche Partei hört.
So groß wird die Frechheit der Plünderer sein,
daß sie kommen werden, sich der großen Allianz anzuschließen."

Obwohl die U-Boot-Blockade England nicht total vom Nachschub abschneiden konnte, erhebt sich ein Protest der Bevölkerung. Nostradamus sieht darin den äußeren Anlaß, Amerika um Hilfe zu ersuchen. Die Unverfrorenheit der U-Boot-Kapitäne ist so groß, daß sie als die modernen Plünderer England großen Schaden zufügen. Amerika erklärt auf den Hilferuf hin Deutschland und seinen Verbündeten den Krieg und schließt sich der westlichen, der großen Allianz an. Damit beginnt im übrigen auch der von Nostradamus vorhergesagte Untergang des fast 300 Jahre dauernden englischen Empires.

Centurie X, 83

„Das Zeichen zum Angriff wird nicht gegeben.
Trotzdem wird man den Kampfplatz verlassen müssen.
Und in der Umgebung von Gent wird man die Fahne sehen,
die ihre Landsleute in den Krieg schickt."

Diese Prophezeiung wird der Schlacht von Langemarck zugeordnet. Hier rückten freiwillige Regimenter über Gent an die Yserfront vor. Die überwiegend jungen Soldaten warten das Angriffssignal nicht ab, sondern versuchen in ihrer Begeisterung selbst, die gegnerischen Linien zu durchbrechen. Sie werden zurückgeschlagen. Da ertönt – zunächst nur von wenigen gesungen – das Deutschlandlied. Und mit der Fahne in der Hand stürmen die Freiwilligen in das Feuer der gegnerischen Maschinengewehre. Mit dem düsteren Satz „Man wird den Kampfplatz verlassen müssen" beschreibt Nostradamus wohl das Sterben dieser Freiwilligen.

Die Führer des Faschismus

Hitler
Centurie II, 24

„Wilde Tiere, verrückt vor Hunger, werden die Flüsse überqueren,
der größere Teil der Schlachtfelder wird gegen Hister sein.
Er wird den Führer in einen Käfig aus Eisen zwingen,
wenn das Kind Deutschlands das Gesetz nicht beachtet."

Dieser Vierzeiler zählt zu den genauesten Vorhersagen über Adolf Hitler, für den er auch den Namen „Hister" benutzt. Denn wen sonst könnte er mit der letzten Zeile meinen, wenn er von „dem Kind Deutschlands" spricht, das das Gesetz nicht beachtet. Hitler selbst erkannte sich in diesem Vierzeiler, der in der Mitte der dreißiger Jahre von Goebbels für Propagandazwecke herangezogen wurde. Im ersten Teil der Prophezeiung sieht Nostradamus bereits den Zweiten Weltkrieg voraus. Diese Vorhersagen, im Dritten Reich freilich anders gedeutet, erhalten eine beklemmende Aussagekraft, wenn der Seher von einem „Käfig aus Eisen" spricht. Hiermit lassen sich die alliierten Armeen erklären, die Deutschland einschnürten.

Centurie II, 58

„Nahe dem Rhein, bei den Bergen von ‚Noricum',
wird ein großer Mann des Volks geboren werden,
sein Kommen ist zu spät. Er wird Polen und Ungarn verteidigen,
und man wird nie wissen, was als nächstes von ihm kommt."

Hitler entstammt einfachen Verhältnissen, die er bis zum Schluß nie verleugnete. Er war ein typischer Mann des Volkes. „Noricum" kann bei Nostradamus auch als Synonym für Österreich gedeutet werden: Hitler wurde in der Alpenrepublik geboren. Er kam zu spät, da die Form seines Reiches bereits überholt war. Hitler erklärte nicht nur seinen Einmarsch in Polen, sondern auch die „Rückführung" von Siebenbürgen, Mähren und anderen Gebieten (Ungarn) zu Verteidigungsmaßnahmen zum Wohle des deutschen Volks. Die Unmöglichkeit, seine Entscheidungen und Pläne vorauszusehen, wird in dem letzten Satz beschrieben. Dadurch wurden die Alliierten mehr als einmal überrascht und in die Defensive getrieben.

Centurie IX, 90

„Ein Kapitän des größeren Deutschlands wird kommen
und falsche Hilfe anbieten;
ein König der Könige; um Ungarn zu unterstützen;
sein Krieg wird Ströme des Bluts fließen lassen."

Das „größere Deutschland" klingt dem Begriff Hitlers vom „Großdeutschland" des Dritten Reichs erstaunlich ähnlich. Verblüffend auch die Treffsicherheit des zweiten Satzes: Hitler war für seine Zeit ein König der Könige: Seine Machtfülle überstieg die aller seiner „Kollegen" in den Führungspositionen der damals bekannten Welt. Man denke dabei nur an den Treueeid deutscher Soldaten, der auf ihn persönlich geleistet wurde. Er holte Österreich und weite Teile Ungarns „heim ins Deutsche Reich". Und daß „sein" Krieg „Ströme des Bluts" fließen ließ, wird niemand bezweifeln. Die traurige Bilanz des Zweiten Weltkriegs spricht da eine deutliche Sprache: rund 25 Millionen tote Soldaten, 30 Millionen getötete Zivilisten.

Mussolini
Centurie VI, 7

„Norwegen und Dazien und die englischen Inseln
werden von den vereinigten Brüdern beunruhigt werden.
Der römische Führer kam aus französischem Blut;
die Armeen stießen in die Wälder zurück."

Hier sind wohl Hitler und Mussolini mit den „vereinigten Brüdern" gemeint, die Norwegen, Rumänien (Dazien) und England während des ganzen Zweiten Weltkriegs beunruhigten. Der angesprochene Führer dürfte de Gaulle sein, und unter den Armeen, die sich in die Wälder zurückziehen, versteht Nostradamus die Widerstandsbewegung in Frankreich, die „Resistance".

Centurie VI, 31

„Der König wird finden, wonach er sich so sehr sehnte;
wenn der Prälat zu Unrecht genommen werden wird.
Die Antwort auf den Führer wird ihn ärgerlich machen;
in Mailand wird er verschiedene töten lassen."

Der König von Italien erhält mit Mussolini, was er wollte: einen starken Mann. Unter dem „Prälaten" läßt sich der neutrale Vatikan deuten, der vom faschistischen Italien total eingekreist wurde. Mussolini ließ auf seinem Weg zur Macht unzählige Menschen ermorden, die nicht seiner Auffassung von Staat und Staatsform waren. Darauf bezieht Nostradamus wohl auch die Hinrichtungen in Mailand, wo Mussolini Ciano und andere erschießen ließ.

Centurie VIII, 33

„Der Große wird zwischen Verona und Vincenza geboren werden
und einen Beinamen erhalten, der unwürdig ist.
Er, der in Venedig Rache nehmen will,
wird von einem Mann der Wache und Zeichen eingenommen
werden."

Nostradamus bezieht sich in dieser Vorhersage auf die Geburt von Mussolini, der im Norden Italiens das Licht der Welt erblickte. Er erhielt den Beinamen „Duce" (= der Führer), der dadurch den unwürdigen Beigeschmack erhielt, daß er Millionen Menschen ins Unglück führte. Heute gilt der Beiname „Führer" als negativ. Mussolini wollte an all jenen Rache nehmen, die seinem Traum von einem neuen großen faschistischen Italien Widerstand leisteten. Mit dem letzten Satz bezieht sich der Seher wohl auf Hitler, der Mussolini zu vielen Taten inspirierte.

Franco
Centurie III, 54

„Einer der großen Männer wird nach Spanien fliehen,
das danach an einer großen Wunde bluten wird.
Truppen werden hohe Berge übersteigen und alles zerstören,
danach wird er in Frieden regieren."

Im Jahre 1936 wurde General Franco von Spanien auf die Kanarischen Inseln als Gouverneur abgeschoben. Von dort aus floh er zunächst nach Marokko, ehe er nach Spanien zurückkehrte und den Kampf gegen die Monarchie aufnahm, der im Spanischen Bürgerkrieg endete. Nostradamus meint mit dem ersten Satz wohl Franco, der Spanien in ein Chaos stürzte, bei dem Hunderttausende von Menschen ihr Leben lassen mußten. Mit den Truppen, die die Berge, wohl die Pyrenäen, übersteigen, sind die deutschen und italienischen Soldaten angesprochen, die im Spanischen Bürgerkrieg Franco unterstützten, sowie die etwa 20 000 russischen Soldaten, die seinen Gegnern, den Anhängern der Republik, zu Hilfe eilten. Es ist eine von Nostradamus vorausgesehene Ironie des Schicksals, daß in Spanien nach dem Bürgerkrieg wirklich eine Art Frieden herrschte, der auch vom Zweiten Weltkrieg nicht gestört wurde.

Centurie III, 68

„Das führerlose Volk Spaniens und Italiens ist tot
und wird die Halbinsel überwinden. Ihre Diktatoren
durch eine dumme Torheit verraten,
Blut wird überall in der Arena fließen."

Es ist ein erstaunliches Bild, das Nostradamus da von Spanien und Italien zeichnet. Er bezeichnet die beiden Länder als führerlos, d. h., beide haben keinen König mehr. Dafür aber Diktatoren. Und der Diktator der Halbinsel, mit der Nostradamus Italien meint, wird verraten. Mit dem Wort „Arena" bezeichnet der Seher den Schauplatz, an dem Mussolini gehängt wird. Eine erstaunliche Tatsache ist, daß Nostradamus zwar Mussolini näher beschreibt, Franco aber nicht. Hier wollte er – wie in fast allen seinen Vorhersagen – wohl eine genaue Deutung seiner Prophezeiung unmöglich machen, um dem Lauf der Geschichte nicht vorzugreifen.

Centurie IX, 16

„Aus Kastilien wird Franco eine Versammlung bringen,
die Gesandten werden nicht zustimmen und damit
eine Spaltung begründen. Das Volk von der Riviera wird
in der Menge sein,
und der große Mann wird den Golf nicht betreten dürfen."

Nostradamus sieht hier konkret einen Mann, General Franco, der einen Zustand ändern will; ein Vorhaben, das aber von Gesandten – also den Regierenden – abgelehnt wird. Damit wird eine Spaltung des Volks bewirkt. General Franco muß nach Marokko emigrieren und darf nicht nach Spanien zurück, also den „Golf" nicht betreten.

Der Zweite Weltkrieg

Centurie I, 18

„Unordnung und Verwirrung der Franzosen entblößen
die Länder Mohammeds; Land und Meer von Siena werden
in Blut getaucht, und der Hafen von Marseilles
wird mit Schiffen und Segeln bedeckt sein."

Diese Vorhersage bezieht sich auf das Chaos des Jahres 1940, als deutsche Truppen die französischen Armeen überrennen und Paris und den größten Teil Frankreichs besetzen. Das entstehende Chaos nützen die Italiener zum Einmarsch in Nordafrika. Die prophezeiten „Ströme des Bluts" beziehen sich auf die verlustreichen Schlachten der italienischen Armeen in der Wüste, bevor ihnen das Afrikakorps unter General Erwin Rommel zu Hilfe kommt und die Engländer zurückschlägt. Der Hafen von Marseille war im zweiten Kriegsjahr ständiger Kriegshafen.

Centurie I, 28

„Tobruk wird die Flotte der Barbaren für eine Zeit
fürchten müssen, und später die des Westens.
Vieh, Leute und Besitztümer werden verlorengehen.
Was für ein verlorener Kampf in Taurus und Libra."

Im französischen Originaltext bezeichnet Nostradamus Tobruk als „Tour de Boucq", dem wohl am nächsten kommenden Namen für die Hafenstadt an der Mittelmeerküste Libyens. Tobruk, einst eine friedliche Hafenstadt der Griechen und Libyer, wurde in

Kampfhandlungen verwickelt, als die Italiener ihre strategische Bedeutung erkannten. 1941 eroberten englische Armeen die kleine Hafenstadt zurück. Im Originaltext spricht Nostradamus von der „barque hesperique". Damit können sowohl die Truppen Spaniens – für den Seher ein westliches Land – als auch die Amerikas gemeint sein. Erstaunlicherweise nämlich fällt der Angriff der Japaner auf den amerikanischen Stützpunkt Pearl Harbor zeitlich mit der Rückeroberung Tobruks durch die Engländer zusammen. Der Doppelsinn in seinen Prophezeiungen wird um so deutlicher, als auch die Engländer den westlichen Alliierten angehören. Die Bevölkerung Tobruks, die im Kriegsjahr 41 mehrfache Invasionen durchstehen muß, gerät in Gefahr, ihren gesamten materiellen Besitz zu verlieren. Hatten es zunächst die Italiener besetzt, mußten sie im Januar den britischen Armeen weichen. Die Deutschen eroberten die Stadt dann am 8. April unter General Rommel zurück, ehe sie im November erneut den Briten weichen müssen. Mit „Taurus" ist der Monat April gemeint, bei „Libra", dem Oktober, irrt sich Nostradamus um einen Monat. Tobruk wird erst im November von den Engländern zurückgewonnen. Übrigens auch der Zeitpunkt des Angriffs auf Pearl Harbour.

Centurie I, 31

„Die Kriege in Frankreich werden viele Jahre jenseits
des Reiches der Könige von Castellon dauern. Ein unsicherer Sieg
wird drei Große krönen: den Adler, den Hahn und den Löwen.
Mond und Sonne stehen in ihrem Haus."

Für diesen Vierzeiler gibt es verschiedene Interpretationen, die von den Unruhen der Französischen Revolution bis hin zum spanischen Reich nach dem Tode Karls V. reichen. Es kann damit aber auch, und das erscheint logischer, der endgültige Fall der spanischen Monarchie gemeint sein (Castellon, eine alte spanische Stadt, steht für Spanien): als die Spanische Republik 1923 gegründet wurde. Mit dem unsicheren Sieg der drei Großen sind Amerika, Frankreich und England gemeint, die im Zweiten Weltkrieg zunächst Niederlagen einstecken mußten. Die endgültige Kapitulation der Japaner am 12. August, die das Ende des Zweiten Weltkriegs bedeutete, fällt in das Zeichen der Sonne.

Centurie I, 34

„Der Raubvogel fliegt nach links; vor der Schlacht mit Frankreich
wird er Vorbereitungen treffen. Einige werden
ihn für gut halten, andere für schlecht oder unsicher.
Die schwache Partei wird ihn als gutes Omen ansehen."

Nostradamus beschreibt hier eine der negativsten Figuren der Weltgeschichte: Hitler, den er als Raubvogel bezeichnet – ein Name, den er übrigens auch Napoleon verleiht. Der Begriff „links" kennzeichnet die Richtung, in der die deutschen Armeen Frankreich eroberten. Sie marschierten über Holland und Belgien ein, und damit sind auch die Vorbereitungen gemeint, von denen der Seher spricht. Mit den beiden letzten Zeilen umschreibt Nostradamus den inneren Zustand der französischen Republik beim Einmarsch der Armeen Hitlers. Die offizielle französische Regierung unter Marschall Pétain arbeitet sogar mit der deutschen Besatzungsmacht zusammen. Unter „denen, die ihn (Hitler) für schlecht oder unsicher ansehen" ist das von Charles de Gaulle ins Leben gerufene französische provisorische Nationalkomitee zu verstehen, das von England anerkannt wird, sowie die „Résistance", eine Widerstandsbewegung, der Bürgerliche ebenso wie Sozialisten und Kommunisten angehörten.

Centurie I, 72

„Die Einwohner von Marseille verändern sich völlig,
sie fliehen und werden bis nach Lyon, Narbonne, Toulouse verfolgt,
erzürnt über Bordeaux;
die Zahl der Toten und Gefangenen beträgt fast eine Million."

Unter der deutschen Besetzung muß sich die Bevölkerung von Marseille notgedrungen verändern: Die einen arrangieren sich mit den Besatzern, andere gehen in den Widerstand oder fliehen. Als die Deutschen im Juni 1940 in Paris einmarschierten, floh die französische Regierung nach Bordeaux.

Narbonne, Toulouse und Lyon waren Städte der Marionettenregierung Vichy. Die Zahl der im Zweiten Weltkrieg gefallenen und verwundeten französischen Soldaten beträgt nach vorsichtigen Schätzungen rund 650000. Hier also irrt sich Nostradamus in seiner Zahlenangabe. Rechnet man allerdings die Soldaten der Alliierten dazu, die an der Seite Frankreichs kämpften, so dürfte sie in etwa zutreffen.

Centurie I, 92

„Unter einem Mann wird überall Frieden verkündet werden,
aber nicht lange danach wird es Plünderungen und Revolten geben.
Wegen der Verweigerung werden Stadt, Land und See angegriffen werden.
Über ein Drittel Million Tote und Gefangene."

Hitler, der in unzähligen Reden seine Friedensliebe verkündet hatte, möchte Danzig und den Korridor seinem Reich einverleiben. Dies wird jedoch von den Westmächten abgelehnt. Er überfällt Polen und zwingt so England in den Krieg, das kurz zuvor mit Polen einen Beistandspakt unterzeichnet hatte. Nach Informationen der deutschen Heeresleitung kostet der Polenfeldzug fast genau eine Drittelmillion Tote und Gefangene.

Centurie II, 9

„Nahe dem Hafen und in zwei Städten wird es zwei
Geißeln geben,
wie man sie nie zuvor gesehen hat. Hunger, auch Seuchen.
Die Menschen, vom Schwert getroffen,
werden nach Hilfe des unsterblichen Gottes schreien."

Mit der ersten Zeile gibt der Seher eindeutig einen Hinweis auf Japan: Er bezieht sich auf den Hafen, mit dessen Überfall die Japaner in den Zweiten Weltkrieg eintraten. Dann verzeichnet er – fast vierhundert Jahre vor dem realen Ereignis – den Abwurf von Atombomben auf zwei japanische Städte: Nagasaki und Hiroshima. Er nennt die beiden Bomben „Geißeln, wie man sie nie zuvor gesehen hat". Unter „Geißel" verstand man zu seiner Zeit ungeheure Katastrophen wie etwa die Pest. Wobei er zu verstehen gibt, daß die Schreckensauswirkungen dieser beiden Geißeln alles übertreffen, was er sich vorstellen kann. Dies wird auch deutlich im letzten Satz: Wo nichts mehr hilft, suchen die Menschen Hilfe beim unsterblichen Gott.

Centurie II, 16

„In Neapel, Palermo, Sizilien und Syrakus neue Tyrannen.
Donner und Blitze an den Himmeln. Eine Macht von London,
Gent, Brüssel und Susa: ein großes Massaker,
dann Triumph und Feiern."

Die neuen Tyrannen in den italienischen Städten sind Mussolini und sein faschistisches Regime. Donner und Blitze stehen für den Krieg in Italien. London, d. h. England, zieht mit seinen Alliierten nach Italien, wo der Krieg nach einem entsetzlichen Gemetzel gewonnen wird.

Centurie II, 23

„Vögel in einem Palast, verjagt durch einen Vogel, sehr bald nach dem Aufstieg des Prinzen.
Wie viele Feinde werden vom Fluß zurückgetrieben,
der überlegene Vogel erfaßt aus dem Nichts durch einen Trick."

Die Luftflotten Görings werden durch die Flugzeuge der Alliierten verjagt, und zwar ziemlich bald nach dem Aufstieg Hitlers. Diese Vorhersage erscheint trotz ihrer Zeitungenauigkeit recht treffend. Denn die feindlichen Flieger orientierten sich über Berlin an dem Reichspalast und der Spree. Mit dem letzten Satz könnten die außerhalb Berlins gelegenen Abwehrstellungen gemeint sein, die nachts die englisch-amerikanischen Bomber zuerst mit großen Scheinwerfern erfaßten, ehe sie sie abschossen. Die riesigen Lichtkegel tauchten dabei wie aus dem Nichts auf.

Centurie II, 39

„Ein Jahr vor dem Krieg in Italien werden die Deutschen,
Franzosen und Spanier für einen starken Mann sein;
das Schulhaus der Republik wird fallen,
wo, bis auf wenige, sie den Tod erleiden werden."

Ein Jahr vor dem Krieg in Italien bedeutet das Jahr 1939, denn Italien trat am 10. Juni 1940 in den Kriegszustand. In Deutschland, Spanien und weiten Teilen Frankreichs sind alle für einen starken

Mann: Hitler. Das prodeutsche Element in Frankreich wurde durch das Vichy-Regime manifestiert. Mit dem Schulhaus könnten sowohl Spanien als auch Frankreich gemeint sein. Auf jeden Fall aber müssen in beiden Ländern Millionen Menschen im Zweiten Weltkrieg ihr Leben lassen.

Centurie II, 40

„Kurz danach, keine große Zeitspanne, wird zu
Land und zu Meer ein großer Tumult entstehen.
Die Seekämpfe werden größer denn je sein.
Feuer, Geschöpfe, die einen noch größeren Tumult bewirken."

Dieser Vierzeiler schließt sich direkt an den vorherigen an und ist eine weitere Beschreibung des Zweiten Weltkriegs. Man könnte hier Nostradamus so deuten, daß er auf die Rolle der U-Boote im Zweiten Weltkrieg eingeht. Die Seeschlachten und Seeblockaden spielen eine wichtige Rolle in dem brutalsten Krieg der modernen Menschheitsgeschichte. Mit der letzten Zeile unterstreicht der Seher die große Rolle der U-Boote, die mehr als einmal Entscheidungen herbeiführten.

Centurie III, 71

„Die auf den Inseln für eine lange Zeit Eingeschlossenen
werden starke Kräfte gegen ihre Feinde mobilisieren.
Die draußen, die überleben, werden an Hunger sterben,
an einem solchen Hunger, wie es ihn noch nie zuvor gab."

In diesem Vierzeiler beschreibt Nostradamus die Blockade Englands durch die deutsche Flotte. Zeitweise gab es in dem Inselreich nur noch Vorräte für sechs Wochen, die naturgemäß rationalisiert werden mußten. Mit den „starken Kräften" sind wohl die Flotten

Ein Meer von Trümmern, wie hier in Süditalien, wird ein großes Erdbeben hinterlassen, das ganz Nordamerika erschüttert.
(Foto: Süddeutscher Verlag)

Die Morde und Attentate unseres Jahrhunderts hat Nostradamus genau beschrieben. Unter anderem an Sadat (oben links) und an drei (!) Kennedy-Brüdern (unten). Das Attentat auf Papst Johannes Paul II. (oben rechts) soll nicht das einzige Papst-Attentat bleiben. *(Fotos: Süddeutscher Verlag)*

Mondlandschaft (unten) oder paradiesische Natur (links) – wie wird unsere Erde aussehen? Nostradamus warnt uns Heutige über vier Jahrhunderte hinweg vor der Selbstvernichtung.
(Fotos: Süddeutscher Verlag)

Raketen für Krieg und Frieden, Mondlandungen und die Eroberung des Weltalls – Nostradamus hat das alles vorausgesehen.
(Fotos: Süddeutscher Verlag)

der Amerikaner gemeint, die England mit Waffen und Lebensmitteln belieferten und dabei im Verlauf des Krieges immer öfters die deutsche Blockade durchbrechen konnten. Im zweiten Teil des Vierzeilers beschreibt der Seher die Not jener, die zwar draußen, also außerhalb Englands, waren, aber dennoch zu den Gegnern Deutschlands gehörten: die Juden. Sie starben in den Konzentrations- und Arbeitslagern an Hunger. Wenn sie nicht in den Gaskammern ermordet wurden.

Centurie IV, 61

„Der alte Mann, verspottet und verraten
von Fremden in seiner Position, die ihn verleiten werden.
Die Hände seines Sohnes sind vor sein Gesicht geschlagen,
er wird seinen Bruder in Chartres, Orléans und Rouen verraten."

Mit dem alten Mann ist zweifelsohne Marschall Pétain gemeint, dessen Stellung im zweiten Teil des ersten Satzes treffend beschrieben wird. Die Hände seines Sohnes, die vor sein Gesicht gehalten werden, sind die zerstörten und versprengten Truppen seines Regimes. Sie verrieten das eigene Regime, so daß die Alliierten am selben Tag, dem 19. August 1944, in den drei genannten Städten einziehen konnten.

Centurie IV, 80

„Nahe dem großen Fluß, ein großer Graben, ausgehobene Erde,
das Wasser wird sich in fünfzehn Bäche teilen.
Die Stadt wird eingenommen, Feuer, Blut, Schreie und eine Schlacht wird es geben,
der größere Teil wird von der Kollision in Mitleidenschaft gezogen."

Der Nostradamus-Forscher James Laver hat herausgefunden, daß mit diesem Vierzeiler die berühmte Maginot-Linie gemeint ist, die so schnell von den Deutschen eingenommen werden konnte. Unter dem großen Fluß ist der Rhein zu verstehen, unter dem Wasser die deutschen Armeen. Hitler umging die Maginot-Linie und erfüllte so die Vorhersagen. Mit dem letzten Satz ist die endlose Kette von Schlachten im Frankreich des Zweiten Weltkriegs vorhergesagt.

Centurie V, 11

„Dic aus der Sonne werden die Sec nicht sicher
überqueren, das Volk der Venus wird ganz Afrika halten.
Dann wird Saturn ihr Königreich nicht länger besetzen,
und ein Teil Asiens wird sich ändern."

Die japanische Flagge enthält eine rote Sonne auf einem weißen Feld. Ihre Schiffe werden deshalb die Weltmeere nicht mehr sicher befahren können, nachdem Japan in den Krieg eingetreten ist. Durch dieses Ereignis tritt in Asien eine Veränderung ein: China schließt sich 1941 den Alliierten an. Unter dem „Volk der Venus" sind die Italiener zu verstehen, die mit Rommel in Afrika Krieg führen. Als sich Saturn in eine schlechte Konjunktion schiebt, müssen sich die italienischen und deutschen Armeen zurückziehen: seit 1943.

Centurie V, 29

„Die Freiheit wird nicht wiedergewonnen; sie wird besiegt
durch einen schwarzen, stolzen, üblen und ungerechten Mann.
Wenn die Geschäfte des Vaters von D'Hister geöffnet werden,
wird die Republik von Venedig gequält werden."

Der Vierzeiler beschreibt Mussolinis Intrigen, sich mit Hitler während der Jahre 1934–38 zu verbünden. Hitler und Mussolini treffen sich in Venedig – zu einer Zeit, da der Italiener bereits die italienische Republik als Diktator beherrscht. Erstaunlich, wie exakt Nostradamus die Kleidung und das Gebaren der Faschisten beschreibt: schwarze Kluft, stolzes, herrisches und ungerechtes Auftreten. Mit D'Hister bezeichnet Nostradamus Hitler, einer der Namen, die der Seher für den Führer des Dritten Reiches benutzte. Wie erst viele Jahre nach dem Krieg bekannt wurde, hatten die Faschisten bereits zu Kriegsbeginn den ganzen Vatikan unterminiert – eine Tatsache, die den Papst angreifbar machte. Daß dies Italien großes Unglück brachte, liegt auf der Hand: Italien wurde in den Weltkrieg verwickelt.

Centurie V, 51

„Die Völker Daziens (heute ein Teil Rumäniens), Englands, Polens
und der Tschechoslowakei werden eine neue Allianz bilden.
Um Gibraltar zu passieren, werden die Spanier und Italiener
ein grausames Komplott schmieden."

Dies ist eine von Nostradamus interessantesten Vorhersagen im Zusammenhang mit dem Zweiten Weltkrieg. Er prophezeit ein Bündnis zwischen England und einigen Balkanländern, das im März des Jahres 1939 geschlossen wurde. Das Bündnis mit Polen löste dann auch den Zweiten Weltkrieg aus. Es war für alle kriegsbeteiligten Völker von großer Bedeutung, das Mittelmeer als Aufmarschbasis zu haben. Wobei Gibraltar naturgemäß eine wichtige Rolle zufiel. Die Italiener waren Verbündete Deutschlands, die Spanier, eigentlich neutral, fühlten sich dennoch dem Hitler-Deutschland verbunden: Hatten doch neben den italienischen Truppen besonders deutsche Soldaten mitgeholfen, Franco sein Schreckensregime aufzubauen.

Centurie V, 94

„Er wird ein größeres Deutschland schaffen,
Brabant und Flandern, Gent, Brügge und Bologna.
Der Waffenstillstand täuschte,
der große Herzog von Armenien wird Wien und Köln angreifen."

Unter dem größeren Deutschland ist selbstverständlich das Dritte Reich mit seinen exterritorialen Besitzansprüchen zu verstehen. Hitler besetzte auf seinem Feldzug durch Europa alle genannten Städte. Mit dem vorgetäuschten Waffenstillstand ist wohl der scheinbare Frieden zwischen dem Hitler-Deutschland und Rußland gemeint – ein Zustand, der sich bei dem Polen-Feldzug noch bewährte. Aber dann kommt es zu dem Einmarsch Rußlands (der Herzog von Armenien) nach Wien und Köln.

Centurie IX, 100

„Eine Seeschlacht wird bei Nacht entstehen.
Feuer in den zerstörten Schiffen des Westens,
ein neuer Kode hat das große Schiff gefärbt,
Ärger für die Besiegten und ein Sieg im Nebel."

Pearl Harbor wurde in den frühen Morgenstunden von den japanischen Flugzeugen angegriffen. Die großen Tanker fingen sofort Feuer und signalisierten die Niederlage des Westens, Amerikas. Mit dem „neuen Kode" könnte Nostradamus den Angriff ohne jede Vorwarnung meinen, ein Novum, das Amerika zunächst erstarren ließ. Dann setzte, wie angekündigt, eine Diskussion ein, wie das geschehen konnte. Der Sieg im Nebel allerdings kam die Japaner teuer zu stehen: Sie mußten nach dem Abwurf von Atombomben bedingungslos kapitulieren.

Die letzten Tage des Zweiten Weltkriegs
Nagasaki und Hiroshima
Centurie II, 6

„Nahe dem Hafen und in zwei Städten werden Plagen wüten, wie sie nie zuvor ein Mensch geseh'n.
Hunger, Seuchen dazu, Menschen, vom Schwert zu Boden geworfen, werden schreien nach Hilfe zum unsterblichen Gott.“

Erschütternd, die Schilderung, die Nostradamus hier von der größten Katastrophe der Jetzt-Zeit gibt! In den letzten Tagen des Zweiten Weltkriegs haben die Amerikaner zum ersten Mal in der Menschheitsgeschichte Atombomben eingesetzt. Am 6. August 1945 fällt die erste Bombe auf die Hafenstadt Hiroshima. Sie fordert 86000 Tote und 61000 Verwundete. Drei Tage später wird durch die zweite Atombombe die Hafenstadt Nagasaki fast gänzlich zerstört. Die Leiden der Bevölkerung umfassen ein Ausmaß, wie es nie zuvor ein Mensch gesehen hat (Zeile zwei) und dauern bis auf den heutigen Tag an.

Bruch des Schweizer Bankgeheimnisses
Centurie I, 61

„Die erbärmliche, unglückliche Republik
wird von einem neuen Führer noch einmal ins Unglück
gestürzt werden.
Große Geldsummen werden außer Landes angesammelt werden,
doch Sueve wird seine wichtige Vereinbarung brechen müssen.“

Zeile eins nimmt Bezug auf die Weimarer Republik, Zeile zwei auf Hitler und den Nationalsozialismus. Mit dem lateinischen Sueve ist die Schweiz angesprochen, deren Banken seit ihrer Gründung das absolute Bankgeheimnis praktiziert haben. Nach dem Ende des Zweiten Weltkrieges wurden sie jedoch gezwungen, die Konteninhaber bekanntzugeben, um Kapital, das unrechtmäßig in die Schweiz transferiert worden war, aufzufinden.

General de Gaulle
Centurie III, 100

„ Unter den Franzosen ist er der am wenigsten geehrte,
doch er wird siegreich sein über seinen Feind.
Macht und Länder erforschte er,
Als plötzlich der Mißgünstige starb durch einen Schuß.“

Unter den Franzosen heißt im Original „Entre Gaulois“, und „der am wenigsten geehrte“ bezeichnet General de Gaulle, der im Zweiten Weltkrieg den Widerstand gegen die Deutschen organisierte. Bei dem „Mißgünstigen“, der durch einen Schuß stirbt, handelt es sich um Admiral Darlan, der am 24. Dezember 1942 durch ein Attentat ums Leben kam.

Eine Zeit des Friedens nach dem Zweiten Weltkrieg

Centurie I, 63

„Sind die Plagen vorüber, wird kleiner die Welt;
eine lange Zeit werden die Menschen friedlich leben in ihren Ländern.
Sie werden sicher reisen am Himmel, über Land und Meer,
doch dann werden wieder beginnen die Kriege."

Eine exakte Beschreibung der vergangenen dreieinhalb Jahrzehnte seit Kriegsende 1945. Mit den „Plagen" sind die Wirren des Krieges und die Auswirkungen, Zerstörung, Armut und Krankheit, gemeint. „Friedlich" bezieht sich auf den Weltfrieden; lokale Unruhen hat es auch in dieser Epoche gegeben. Daß die Welt kleiner geworden ist, empfinden wir selbst im Alltag, wenn wir ein Flugzeug besteigen: eine Stunde Flug von München nach Hamburg, sieben Stunden mit der Concorde von Europa nach Amerika – die modernen Verkehrsmöglichkeiten haben die Länder näher zusammenrücken lassen. Doch die Zeit der Ruhe wird nicht ewig anhalten, die Menschen haben aus zwei Weltkriegen noch nicht genügend gelernt. Es wird zu einem dritten großen Konflikt kommen.

Es ist mehr als überwältigend festzustellen, mit welch erschrekkender Klarheit Nostradamus auch diesen möglichen dritten Weltkrieg vorausgesehen hat; wie er mit den sprachlichen Ausdrucksmöglichkeiten seiner Zeit Dinge zu beschreiben sucht, die erst im 20. Jahrhundert konstruiert worden sind:

Centurie I, 64

„In der Nacht werden sie meinen, sie hätten die Sonne geseh'n.
Dann sehen sie den Mann, der halb Schwein sein könnte.
Lärm, Schreie, am Himmel sind Kämpfe zu sehen,
die grausamen Menschen wird man sprechen hören."

Auf den ersten Blick eine reichlich verwirrende Darstellung. Doch die Bilder sind relativ leicht zu entschlüsseln, und dann bekommt diese Strophe eine grausame Realität. „Die Sonne", die bei Nacht zu sehen ist, läßt zwei Deutungsmöglichkeiten zu: entweder Explosionen von Bomben, die den Himmel taghell erleuchten, oder die Suchscheinwerfer von Kampfflugzeugen. Der Mann, der halb Schwein sein könnte: ein Pilot mit Sauerstoffmaske, die den gleichen optischen Eindruck erweckt wie der Rüssel eines Schweines. Die Menschen auf der Erde können den Luftkampf beobachten, und in ihren Radios werden sie „die grausamen Menschen sprechen hören". Kriegsnachrichten – oder Sprechfunk der Piloten?

Gründung des Staates Israel

Centurie III, 97

„Ein neues Gesetz wird erobern ein neues Land
rundum Syrien, Judäa und Palästina.
Das große Reich der Barbaren wird zerfallen,
noch bevor das Jahrhundert der Sonne zu Ende geht."

Nostradamus beschreibt in dieser Centurie eindeutig die Entstehung des Staates Israel. Und er prophezeit weiter, daß dieser Staat sich noch in unserem Jahrhundert (das Jahrhundert der Sonne) gegen die „Barbaren" (Moslems und Araber) durchsetzen wird. Ausgehend von der militärischen Übermacht der Israelis und von der politischen Entwicklung am Verhandlungstisch in den letzten Jahren (Camp David usw.), erscheint diese Voraussage durchaus realistisch.

Der Aufstand in Ungarn 1956

Centurie I, 43

„Auf Leben und Tod wird das System in Ungarn umgestürzt;
das Gesetz wird bitterer sein als in der Knechtschaft;
aus der Hauptstadt erhebt sich Geheul und Wehklagen;
Castor und Pollux sind Feinde auf dem Felde."

Mit dem Umsturz auf Leben und Tod ist zweifelsfrei die Revolution von 1956 angesprochen. Ungarn-Premier Imre Nagy erklärte am 1. November des Jahres den Austritt seines Landes aus dem Warschauer Pakt, drei Tage später drangen russische Truppen nach Ungarn ein, um „die Ruhe im Lande wiederherzustellen". Es folgte für das Volk eine Zeit, die bitterer war als alles vor dem Aufstand Miterlebte. Tausende flohen in den Westen, Hinrichtungen waren an der Tagesordnung.

Die Hauptstadt Budapest wurde während der Widerstandskämpfe mit den russischen Truppen schwer zerstört. Und die letzte Zeile nimmt Bezug auf Kollaborateure, die mit den Russen gemeinsame Sache machten und gegen ihre ungarischen Brüder kämpften.

Die Berliner Mauer

Centurie V, 81

„Der königliche Vogel wird schweben über der Stadt der Sonne;
sieben Monate lang wird er warnen in der Nacht.
Die Mauer im Osten wird unter Blitz und Donner einstürzen,
doch innerhalb von sieben Tagen stehen die Feinde direkt vor
den Toren."

Ein Adler wird über Paris oder Rom (Stadt der Sonne) kreisen und vor einer bevorstehenden Katastrophe warnen (Geheimdienst-Informationen?). Die Mauer im Osten wurde eine Zeitlang gedeutet als die Maginot-Linie, welche die deutschen Armeen im Blitzkrieg gegen Frankreich im Juni 1940 umgingen. Schlüssiger erscheint jedoch der Bezug zur Berliner Mauer, die fallen soll. Allerdings wird der Osten diese Provokation keineswegs kommentarlos hinnehmen, sondern offensichtlich seine Truppen aufmarschieren lassen.

Das Zeitalter der Technik

(Raumfahrt, Atom-U-Boote, Vernichtungswaffen)

Nostradamus hat selbst immer wieder darauf hingewiesen, daß er Dinge voraussah, deren Entstehung seine Zeitgenossen nicht einmal zu ahnen vermochten. Dinge, die erst erfunden werden sollten und deren Entstehung überhaupt erst durch die Technik des 20. Jahrhunderts ermöglicht wurde. Dinge auch, die keineswegs nur dem Wohl der Menschheit dienen . . .

Centurie IV, 99

„Der furchtlose älteste Sohn der Königstochter
wird die Kelten gar weit zurückjagen.
Er wird Blitz und Donner schicken in großer Zahl,
bis tief in den Westen hinein werden sie dringen."

Die hier angesprochenen Kelten stehen für die Franzosen. Sie werden von einem noch unbekannten Gegner zurückgeschlagen werden, der ihnen durch modernste Waffen-Technologie überlegen ist. Blitz und Donner stehen hier für Raketen und Flugkörper, die in der Lage sein werden, weit bis in den Westen hinein einzudringen.

Centurie I, 29

„Wenn der Fisch, der fliegt über Land und Meer,
in die Höhe schießt zur Küste, von einer mächtigen Welle
begleitet;
seine Form ist fremd, glatt und furchterregend.
Von See erreichen die Feinde schnell die Mauern der Stadt."

Und klingt es noch so erstaunlich: Dieses ist die präzise Schilderung einer Polaris-Rakete, abgefeuert von einem Atom-U-Boot auf See. Selbst die Flutwelle, die das Projektil beim Austritt aus dem Wasser auslöst, ist exakt beschrieben. Die Rakete fliegt über Meer und Land und sucht sich selbständig ihr Ziel.

Centurie V, 90

„Auf den Kykladen, in Perinthus und Larissa,
in Sparta und allenthalben auf dem Peleponnes
wird eine große Hungersnot herrschen durch den künstlichen Nebel.
Neun Monate wird er die Halbinsel einhüllen."

Das Stichwort ist der „künstliche Nebel", der eine große Hungersnot in Griechenland und auf dem Balkan auslösen wird. Was anderes kann Nostradamus hier gemeint haben als chemische Kampfstoffe, die das Wasser und die Nahrung vergiften? Es steht also zu befürchten, daß es eines Tages im Mittleren Osten doch noch zu einer bewaffneten Auseinandersetzung kommen wird.

Centurie VI, 5

„Großer Hunger wird herrschen durch die verderbenbringende Waffe.
Entlang dem arktischen Pol wird das Verderben niederregnen;
Samarobrin wird schweben 100 Meilen über der Erdkugel.
Die Menschen leben gesetzlos, folgen keiner politischen Vernunft."

Einer der am häufigsten zur Deutung herangezogenen Vierzeiler im Gesamtwerk des Nostradamus. Wieder ist die Rede von Hunger und einem verderbenbringenden Niederschlag; die einen meinen, hier seien ABC-Waffen angesprochen, die anderen sprechen von atomarer Verseuchung. Der geheimnisvolle „Samarobrin" könnte ein Raumschiff sein, das in 100 Meilen Höhe (über 400 Kilometer) über der Erde schwebt. Offen bleibt, ob es bewußt Verderben auf die Erde schickt und welchem politischen Pol es zuzuordnen ist, der UdSSR oder den USA.

Centurie IX, 65

„Er wird sich vorwagen bis an Lunas Rand.
Dort wird er niedergehen und den Fuß auf fremden Boden setzen.
Die unreife Frucht wird einen großen Skandal auslösen;
hier großer Tadel, auf der anderen Seite höchstes Lob."

Es bedarf keiner sonderlichen Phantasie, um diese Zeilen mit „Apollo 13" in Verbindung zu bringen, die erstmals einen Menschen zum Mond brachte. Mit der „unreifen Frucht" können eigentlich nur die nicht exakt funktionierenden Steuerraketen gemeint sein. Der Gegensatz Tadel – Lob bezieht sich wohl auf das Risiko, das von der NASA seinerzeit eingegangen wurde: Die Aussichten für eine problemlose Rückkehr zur Erde waren keineswegs optimal und forderten manches Wort der Kritik heraus.

Centurie III, 13

„Vermittels eines Blitzes in dem Kasten werden Gold und Silber verschmolzen;
verschlingen werden die beiden Eingesperrten einander.
Die Stadt wird sich weit ausgedehnt haben,
wenn die Flotten unter der Oberfläche des Wassers fahren."

Wieder eine Anspielung zum Thema U-Boote. Ganze Flotten fahren unter der Oberfläche des Wassers – sowohl die USA als auch die UdSSR verfügen in unseren Tagen, da die Städte sich weit ausgedehnt haben, über ein derartiges Potential an Untersee-Booten. Zeile eins und zwei scheinen einen Vorgang aus der Alchimistenküche zu schildern. Möglich ist jedoch auch, daß hier auf eine technische Neuentwicklung angespielt wird, bei deren Betrieb Gold und Silber Verwendung finden.

John F. und Robert Kennedy

Es besteht wohl kaum ein Zweifel daran, daß die beiden ermordeten Kennedy-Brüder in den sechziger Jahren die Politik der USA und die der gesamten westlichen Welt in entscheidendem Maße geprägt haben. Wenngleich seit dem Tod John F. Kennedys zahlreiche Veröffentlichungen das Bild eines Mannes zeichnen, der mehr seinen persönlichen Begierden nachgab. Daß er dennoch ein großer Staatsmann scin würde, sah bereits Nostradamus voraus.

Centurie IV, 14

„Der plötzliche Tod des Ersten Mannes im Staat
bringt einen Wechsel. Ein anderer kommt an die Macht.
Er ist jung, doch erst spät zu höheren Ämtern gelangt.
Man wird ihn fürchten müssen zu Lande und zur See."

John F. Kennedy ist fast drei Jahrzehnte jünger als der alternde General Eisenhower, als er Präsident der Vereinigten Staaten wird. Spät kommt er insofern, als er das Erbe ungelöster Spannungen zwischen den Weltmächten antritt. Wie schwierig die Weltlage damals war, zeigt die Kuba-Krise, in der sich Kennedy als Mann erweist, den man zu Lande und zur See fürchten muß. Er gebietet dem Vormarsch der Russen in der Einflußsphäre der Amerikaner Einhalt.

Die Kennedys tauchen wohl ein halbes dutzendmal in den Prophezeiungen des Nostradamus auf. Vielfach ist die Rede von den drei Brüdern, der älteste wird meist mit dem Beinamen „Le Grand" (der Große) belegt.

Centurie II, 57

„Noch vor der Schlacht wird der Große fallen.
Der Große wird sterben, zu früh und beweint,
er, der mit Krankheit geboren. Sie kamen und nahmen einen weiten Weg,
nah beim blutigen Strom ist der Boden befleckt."

Die Schlacht meint eine bewaffnete Auseinandersetzung zwischen Amerikanern und Russen, zu der es nicht kam. Zwar hatte Chruschtschow seine Kriegsschiffe den weiten Weg bis Kuba nehmen lassen, doch die Krise eskalierte nicht zum Krieg zwischen den Großmächten.

John F. Kennedy, der mit einer angeborenen Krankheit zur Welt kam, starb schon kurze Zeit nach der Kuba-Krise im texanischen Dallas von Mörderhand – „zu früh und beweint".

Centurie I, 26

„Der Große wird niedergestreckt werden am Tage von einem Donnerschlag;
ein schlimmer Tod, vom Träger einer Bittschrift angekündigt.
Gemäß der Weissagung wird der andere zur Nacht fallen.
Konflikte in Reims und London, Seuchen in der Toscana."

John F. Kennedy wurde am 22. November 1963 in Dallas von mehreren Schüssen (Donnerschlag) tödlich getroffen. Sein Tod war angekündigt durch stets wiederkehrende Morddrohungen, denen sich der Präsident ebenso ausgesetzt sah wie sein Bruder, Justizminister Robert Kennedy. Von ihm ist die Rede in der dritten Zeile: Tatsächlich feierte er am 5. Juni 1968 noch spät in der Nacht seinen Sieg bei einer Vorwahl zum Amt des Präsidentschaftskandidaten. Hier wurde auch er Opfer eines Attentats.

Das Schicksal der Kennedy-Familie scheint jedoch auch mit

diesen zwei Toten noch nicht erfüllt zu sein. Der Seher Nostradamus spricht häufig von den drei Brüdern und sieht auch für den dritten ein gewaltsames Ende voraus:

Centurie IX, 36

„Ein großer König in der Gefangenschaft eines jungen Mannes
nicht lang von Ostern. Verwirrung, die Lage auf des Messers
Schneide.
Ewig lange Gefangenschaft, Blitze vom Himmel,
drei Brüder werden verletzt und sterben."

John F. Kennedy starb im November, sein Bruder Robert im Juni. Doch Nostradamus prophezeit den Tod eines der drei Brüder für die Zeit um Ostern herum. Düstere Aussichten für einen Präsidentschaftskandidaten Edward Kennedy!

Die Weltmacht Amerika

Daß Amerika, erst rund zehn Jahre vor Nostradamus' Geburt von dem Seefahrer Christoph Kolumbus entdeckt, in der zweiten Hälfte unseres Jahrtausends eine entscheidende weltpolitische Rolle spielen würde, sah Nostradamus mit seiner prophetischen Gabe klar voraus. Nicht zufällig taucht diese Macht in seiner großen Weltschau regelmäßig auf.

Centurie I, 91

„Die Götter werden die Menschheit glauben lassen,
daß sie die Urheber eines großen Krieges sind.
Zuvor war der Himmel frei von Waffen und Raketen.
Den größten Schaden werden die auf der Linken erleiden."

Vier Verse, die den Vietnam-Krieg meinen dürften. Es bleibt zunächst offen, welche Seite diese Auseinandersetzung begonnen hat. Auf jeden Fall löst sie eine Epoche ab (nach dem Zweiten Weltkrieg), in welcher der Himmel frei war von Flugzeugen und Raketen, die Verderben über die Menschheit bringen. Daß Nostradamus ausdrücklich die Vokabel Raketen („lance") verwendet, beweist: Es muß sich hier um einen Krieg in der Mitte des 20. Jahrhunderts handeln. Und die letzte Zeile bestimmt eindeutig den Verlierer: Die auf der Linken der Landkarte sind die Amerikaner.

Es ist in den seltensten Fällen das große, starke Amerika, das Nostradamus beschreibt. Was wenig verwundern kann, denn die Phasen des Umbruchs sind es ja, die er generell in seiner Vorausschau geschildert hat. Und so beschreibt auch die folgende Centurie nicht den Aufstieg, sondern den unrühmlichen Abstieg eines Mächtigen:

Centurie X, 76

„Der große Senat wird ihn anfangs feiern,
doch hinterher wird er vertrieben.
Seine Anhänger kehren wieder beim Klang der Trompete;
Besitz wird verkauft, die Feinde vertrieben."

Für wen könnte diese Schilderung treffender sein als für Richard Nixon und die Watergate-Affäre! Der Senat zwang den Präsidenten zum Rücktritt, doch heute hat der zuvor so skandalumwitterte Politiker bereits wieder eine große Anhängerschaft hinter sich. Der Satz „Besitz wird verkauft" scheint sich mehr auf geistigen Besitz zu beziehen: Memoiren bringen ehemaligen US-Präsidenten stets gutes Geld.

Centurie II, 89

„Es kommt der Tag, da werden die beiden großen Führer Freunde sein.
Ihre Macht ist groß, doch sie wächst noch mehr.
Das Neue Land wird stehen auf dem Höhepunkt seiner Stärke,
der Blutige wird sich genaue Zahlen berichten lassen."

Die zwei großen Führer, von denen hier die Rede ist, sind zu deuten als die Politiker an der Spitze der Weltmächte USA und UdSSR. Amerika ist hier besonders angesprochen – als das „Neue Land" in der dritten Zeile. Es scheint also zu einer Phase der Verständigung zu kommen. Doch der Frieden währet nur so lange, bis „der Blutige", an anderer Stelle von Nostradamus auch als „der dritte Antichrist" bezeichnet, offenbar vom asiatischen Raum aus versucht, die westliche Welt mit Gewalt zu erobern.

Noch an anderer Stelle ist die Bedrohung der Weltmacht USA und damit der gesamten westlichen Hemisphäre deutlich geschildert:

Centurie IV, 50

„Man wird Libra sehen im Westen regieren;
hoch hält sie das Gesetz über Himmel und Erde.
Doch die Stärke Asiens wird erst dann gebrochen,
wenn der siebte dort herrscht in direkter Folge."

Libra, die Balance, herrscht im Westen, also in Amerika. Doch aus dem asiatischen Raum wächst die Bedrohung; so lange, bis der siebte Herrscher dort regieren wird. Mit hoher Wahrscheinlichkeit wird hier angespielt auf einen Konflikt mit China, den einer der Nachfolger Mao Tse-tungs an der Parteispitze auslösen könnte.

Der Schah, Persien und Khomeini

Asien hat sich im Laufe der vergangenen Jahre zunehmend zu einem einzigen großen Unruheherd entwickelt. Die Konflikte im Nahen Osten traten fast in den Hintergrund angesichts der bedrohlichen Entwicklungen in Iran und Afghanistan. Der Schah von Persien hätte sein eigenes Schicksal verblüffend exakt dem folgenden Vierzeiler entnehmen können:

Centurie I, 70

„Regen, Hungersnot und Krieg werden nicht weichen in Persien;
allzu großes Vertrauen läßt den Monarchen betrogen werden.
Es geht von Frankreich aus und endet auch dort.
Geheimes Zeichen für den einen, sparsam zu sein."

Es waren zweifelsfrei die sozialen Mißstände im Land, über die Reza Pahlevi schließlich gestürzt ist. Darüber hinaus hatte der Schah wohl seine Situation falsch eingeschätzt. Er hatte nicht damit gerechnet, daß der von Khomeini in Paris (!) organisierte Widerstand gegen sein Regime sich wie ein Lauffeuer ausbreiten könnte. Noch weniger hatte er wohl damit gerechnet, daß der greise Religionsführer mit seinen Aufrufen zu asketischer (sparsamer) Lebensführung in der Lage sein könnte, ihn vom Thron zu stürzen.

Die Figur des Ayatollah kehrt in einem halben Dutzend Nostradamus-Vierzeilern wieder. Die erste Stelle findet sich in der Mitte der ersten Centurie:

Centurie I, 50

„Unter den drei Zeichen des Wassers wird ein Mann geboren,
der den Donnerstag begeht als Feiertag.
Sein Ruf, sein Lob, seine Regierung und seine Stärke werden
wachsen zu Land und See,
Doch wird er Mißgeschick bringen dem Osten."

Wir lesen hier die Beschreibung eines Mannes, in dessen Geburts-Horoskop die drei Wasserzeichen Fische, Krebs und Skorpion dominant stehen. Der Donnerstag als Feiertag läßt schließen, daß es sich nicht um einen Christen handeln kann. Anfänglich genoß der greise Religionsführer große Achtung. Doch mittlerweile mehren sich die Stimmen, die das gegenwärtige Regime im Iran für weit negativer halten als den Schah zu seinen schlimmsten Zeiten. Erfüllt hat sich auch bereits die Prophezeiung in der vierten Zeile: Khomeini hat nicht nur seinem Land, sondern auch dem Irak, mit dem er Krieg führt, Mißgeschick gebracht.

Die Lage im Mittleren Osten läßt laut Nostradamus noch einiges an Aufruhr und Blutvergießen erwarten:

Centurie III, 60

„Ganz Asien wird geächtet werden,
ebenso Mysien, Lycien und Pamphilien.
Blut wird fließen, denn es wird freigesprochen
ein dunkler, junger Mann, der erfüllt ist von Übeltaten."

Einige Länder des Mittleren Ostens haben sich bereits heute in die politische Isolation begeben, an ihrer Spitze der Iran. Die Zeilen drei und vier scheinen Bezug zu nehmen auf den Studentenführer, der die Amerikaner als Geiseln in ihrer Botschaft in Teheran festhielt.

Centurie IV, 59

„Zwei sind eingeschlossen in der brennenden Hitze;
umkommend vor Durst und dem Verlangen nach zwei gefüllten
Bechern.
Die Festung gefallen und der alte Träumer
zeigt noch die Spuren Niras den Genfern."

Das Anagramm „Nira" läßt keinen Zweifel – hier ist die Rede vom Iran. Der Beginn der Strophe scheint wenig Gutes zu prophezeien für das erschütterte Land. Offensichtlich steuert Persien auf eine Katastrophe zu. Mit dem „alten Träumer" ist wohl der Ayatollah gemeint. Genf als bekannter internationaler Friedens- und Verhandlungsort könnte darauf schließen lassen, daß der gescheiterte Khomeini dort Anklage erheben will gegen diejenigen, die ihn erneut vertrieben haben.

Auch an anderer Stelle ist die Rede von einem Krieg, der Persien zugrunde richten könnte:

Centurie I, 55

„In dem Land, in dem ein völlig entgegengesetztes Klima herrscht
zu dem Babylons,
wird ein großes Blutvergießen anheben.
Der Himmel wird ungerecht erscheinen, zu Land, zu See und
in der Luft gleichermaßen
Sekten, Hungersnot, Königreiche, Landplagen, Verwirrung."

Das angesprochene Land mit dem „völlig entgegengesetzten Klima zu dem Babylons" muß Rußland sein, in dem Schnee, Eis und Kälte vorherrschen. Mit Babylon ist der Mittlere Osten gemeint, mit seinem Brennpunkt Iran. Zwischen diesen beiden gegensätzlichen Ländern wird „ein großes Blutvergießen anheben" – das bedeutet Krieg. Es wird sich um eine Auseinandersetzung mit modernen Waffensystemen handeln, sogar „in der Luft". Damit ist auch der voraussichtliche Zeitpunkt festgelegt: in der zweiten Hälfte des 20. Jahrhunderts.

Auch das Ende der Khomeini-Herrschaft über Persien hat Nostradamus vorausgesehen. Er kündigt an, daß auf den Ayatollah, den stets in Weiß Gekleideten, der „blaue Führer" folgen wird:

Centurie II, 2

„Der blaue Führer wird zufügen dem weißen Führer
ebensoviel Schaden, wie Frankreich ihm Gutes getan.
Der Tod kommt von der großen Antenne, die herunterhängt vom Ast,
wenn der König fragt, wie viele seiner Leute in Gefangenschaft geraten sind."

Wie bereits erwähnt, konnte Khomeini von Paris aus den Umsturz im Iran vorbereiten: „Frankreich hat ihm Gutes getan." Doch er wird selbst fallen durch den blauen Führer. Der Begriff „Antenne" in Zeile drei könnte sich beziehen auf geheimdienstliche Tätigkeiten und Spionage, die zu Khomeinis Sturz und Tod beitragen.

König Konstantin und Griechenland

Centurie III, 3

„Mars, Merkur und der Mond in Konjunktion –
im Süden wird eine große Dürre herrschen;
aus Asien wird von einem Erdbeben berichtet;
Korinth und Ephesus in einem totalen Durcheinander."

Im ersten Augenblick scheint sich diese Strophe allein mit Naturkatastrophen zu befassen.

Doch dieser Eindruck ist offensichtlich falsch. Mit Hilfe astrologischer Daten läßt sich errechnen, daß hier das Jahr 1967 angesprochen sein müßte, und damals wurden zwar die Türkei und Jugoslawien von Erdbeben heimgesucht, nicht aber Griechenland. Allerdings fand in Athen zu jener Zeit im übertragenen Sinn ein Zusammenstürzen des bis dato Gültigen statt: König Konstantin wurde abgesetzt, eine Militär-Junta übernahm die Regierung.

In einer weiteren Voraussage, die sich eigentlich mit dem Verhältnis Zyperns zu Griechenland beschäftigt, hatte Nostradamus den Sturz des jungen Königs bereits anklingen lassen:

Centurie III, 89

„Zu jener Zeit wird Zypern beraubt werden
der Hilfe jener vom Ägäischen Meer.
Die Alten werden niedergemetzelt.

Doch durch Kanonen und inständiges Bitten
gelingt es, den König zu überwältigen;
die Königin fühlt sich beleidigt."

Ein Vierzeiler, der sich wohl auf die fünfziger Jahre bezieht, als eine heftige Krise zwischen dem geteilten Zypern und Griechenland schwelte. Bereits hier ist die Rede davon, daß der König den falschen Weg einschlägt und abgesetzt werden wird. Die Königin (wohl Friederike von Griechenland) fühlt sich zutiefst getroffen von der Forderung, ins Exil zu gehen.

Die Päpste Johannes XXIII. und Johannes Paul I.

Centurie VI, 26

„Vier Jahre lang wird dann der Stuhl besetzt sein.
Man wird ihm zustimmen, ihm, der freizügiger ist im Leben;
Ravenna, Pisa und Verona werden ihm Unterstützung gewähren,
denn sie möchten das Päpstliche Kreuz erhöhen."

Hier kann nur Papst Johannes XXIII. gemeint sein, eine der populärsten Figuren auf dem Stuhl Petri im Lauf der letzten Jahrhunderte. Etwas über vier Jahre war er Papst, ein Mann von einfacher Herkunft, der viele Sympathien auf sich zu vereinen wußte. Sein Nachfolger Paul VI. war das absolute Gegenteil, ein asketischer, in sich selbst zurückgezogener Priester ohne das Charisma seines Vorgängers.

Centurie III, 65

„Wenn das Grab des großen Römers gefunden ist,
wird ein Papst gewählt werden am nächsten Tag.
Er wird beim Senat keine Zustimmung finden;
Vergiftet ist sein Blut in dem geweihten Kelch."

Es ist zunächst das Wort „vergiftet" in Zeile vier, das sofort alle Aufmerksamkeit auf sich zieht. Und im Zusammenhang damit fällt spontan der Name Johannes Paul I. Nicht einmal vier Wochen saß dieser Pontifex auf dem Stuhl Petri, da traf ihn ein überraschender Tod. Die Einzelheiten sind nie restlos aufgeklärt worden. Angeblich war dieser Papst im Vatikan (beim Senat) ausgesprochen unbeliebt. Als er im Jahre 1979 so plötzlich starb, da veröffentlichte der Vatikan eine ganze Reihe widersprüchlicher Erklärungen. Der Leichnam durfte nicht obduziert werden, er wurde im Gegenteil schnellstens eingeäschert. So sind die Gerüchte nie ganz verstummt, die besagen, Johannes Paul I., der am Vorabend seines Todes mit einigen Kardinälen gespeist hatte, sei vergiftet worden.

Die Katastrophe von Seveso (1976)

Centurie III, 75

„Pau, Verona, Vicenza, Saragossa.
Bluttriefende Schwerter aus fernen Ländern.
Eine große Plage wird kommen in einer riesigen Wolke,
Hilfe wäre nah, doch die Heilmittel fern.“

Eine große Plage aus einer riesigen Wolke – klare Anspielung auf das Unglück vom Jahre 1976, das in dem oberitalienischen Ort Seveso geschah. Aus einer chemischen Fabrik traten nach einer Explosion Dämpfe aus, die dazu führten, daß in der Gegend zahlreiche mißgebildete Kinder zur Welt kamen. Bis heute ist es nicht gelungen, der Katastrophe endgültig Herr zu werden, das Gebiet gilt noch immer als verseucht.

Die Katastrophe von Harrisburg, USA (1979)

Centurie X, 49

„Garten der Welt, nahe bei New City,
mit seinen Straßen begrenzt von hohen Bergen.
Du bist gefangen und getaucht in den Tank,
gezwungen, Wasser zu trinken, das mit Schwefel vergiftet.“

New City, im Original „Cité Neufve“, kann nur eine Stadt der Welt meinen: New York City. Nostradamus schildert die Straßenschluchten der Millionenstadt, die gesäumt sind von Wolkenkratzern („hohe Berge“). Als „Garten der Welt“ ist hier wohl Harrisburg zu verstehen, jene Stadt in Pennsylvania, nur 180 Meilen von der Metropole entfernt, in der 1979 ein Atommeiler undicht wurde. Das verseuchte Wasser, das aus dem Reaktor austrat, war natürlich eine Gefahr für New Yorks Trinkwasserversorgung. Nostradamus, der noch keine Kenntnis von Uran haben konnte, benutzt statt dessen das Wort Schwefel.

Naturereignisse

Centurie II, 32

„Milch, Blut und Frösche werden herabregnen in Dalmatien;
Ein zäher Kampf und Plage bei Balennes,
ein mächtiger Schrei wird ganz Slowenien erfüllen,
dann wird ein Monster geboren bei Ravenna."

So unglaublich es klingen mag: Es hat tatsächlich an verschiedenen Orten der Welt bereits Schauer gegeben, in denen Milch, Blut und Frösche vom Himmel fielen. Ein Fall ist bekannt aus dem Jahre 1954 und ereignete sich in Sutton Park, Birmingham in England. Die Menschen, die dort vor einem heftigen Regenschauer Schutz suchten, wurden bombardiert von Hunderten junger Frösche. Die Tiere prallten auf ihre Schirme, fielen zu Boden und hüpften dort aufgeregt hin und her.

Ein ähnliches Ereignis ist berichtet aus den USA. Am 2. Januar spielte eine Gruppe von Männern im Bundesstaat Arkansas Golf. Sie berichteten übereinstimmend:

„Plötzlich begann es heftig zu regnen. Und mit den schweren Regentropfen fielen vom Himmel Tausende kleiner Frösche, so groß wie eine Münze."

Blutiger Regen, häufig nur als Bild in Prophezeiungen abgetan, wurde ebenfalls bereits in der Realität registriert. Bekannt ist ein Fall aus Brasilien: Am 27. August 1968 gab es einen blutigen Schauer zwischen Sao José dos Campos und Cocpava. Fast sieben Minuten lang dauerte das Spektakel, das sich etwa auf einer Fläche von einem Quadratkilometer abspielte und in dessen Verlauf auch Fleischstückchen vom Himmel fielen.

Ein wissenschaftlich nachgewiesener Fall: Professor Brun aus

Die Dürrekatastrophe in der Sahelzone bietet nur einen Vorgeschmack auf künftige Zustände, die der Mensch selbst verursacht. *(Foto: Süddeutscher Verlag)*

Überbevölkerung, wie hier in Indien, war im 16. Jahrhundert unvorstellbar. Trotzdem hat Nostradamus sie angekündigt. Ebenso „sah“ er Menschen wie Mutter Teresa (links), die den Menschen helfen. *(Fotos: Süddeutscher Verlag)*

Wenn die Erde „kippt“, werden weite Gebiete vergletschern (oben). Ein Trost: Unter dem Eis verschwinden auch die unübersehbaren Müllhalden, die immer noch größer werden.
(Fotos: Süddeutscher Verlag)

Am Ende wird eine geläuterte und weise gewordene Menschheit übrigbleiben, wenn das goldene, das glückliche neue Zeitalter beginnt. Die Menschheit hat noch eine Chance.
(Foto: Süddeutscher Verlag)

Genf wies nach, daß es 1880 in Marokko einen Blutregen gegeben hat. Der Gelehrte fand ausgetrocknete rote Spuren auf Felsen und Pflanzen bei Djebel-Sekra.

Papiergeld und Inflation

Centurie VIII, 28

„Die Nachahmungen des Goldes und des Silbers verlieren ihren Wert.
Nach dem Diebstahl waren sie in den See versenkt worden.
Bei der Entdeckung ist das alles wertlos und vertan durch Schulden;
alle Scheine und Verschreibungen werden vernichtet sein.“

Unter den „Nachahmungen des Goldes und des Silbers“ sind zweifelsfrei Banknoten und Schuldscheine zu verstehen, also moderne Zahlungsmittel. Wieder zeigt sich die ungeheure seherische Gabe des Nostradamus, zu dessen Zeit es überhaupt noch kein Papiergeld gab. Bei dem Schatz, der in den See versenkt wurde, handelt es sich wahrscheinlich um das versenkte Nazi-Vermögen, das trotz zahlreicher Suchaktionen von Tauchern bislang nicht entdeckt wurde. Doch selbst wenn es gefunden werden sollte, wird es nach der Prophezeiung von Nostradamus vernichtet und wertlos sein.

Dritter Teil

So sieht Nostradamus unsere Zukunft bis zum Jahre 2000

Und er wird richten unter den Heiden
und zurechtweisen viele Völker.
Da werden sie ihre Schwerter zu
Pflugscharen umschmieden und ihre
Spieße zu Sicheln machen.
Denn es wird kein Volk wider das andere
das Schwert erheben, und sie werden
hinfort nicht mehr lernen
Krieg zu führen

Jesaja 2,4

Die schwarzen Vorhersagen

Alle bisherigen Kommentatoren und Interpreten von Nostradamus sind sich darin einig, daß unsere Zukunft bis zur Jahrtausendwende eine einzige Ansammlung von Schrecken, Blutbädern, Intrigen, Verrat, Gewaltherrschaft, Seuchen und Katastrophen sein wird. Einigkeit herrscht auch in der Auswahl der Centurien, welche diese Ereignisse ankündigen sollen. Dabei geht man in der Regel von der Theorie aus, daß die meisten Centurien durch die Geschehnisse der Vergangenheit „besetzt" sind und daß nur die noch übrigbleibenden für Gegenwart und Zukunft herangezogen werden können. Anspruchsvollere Interpreten weisen jedoch darauf hin, daß man sich in der Vergangenheit bei der Deutung und Entschlüsselung der dunklen Vierzeiler notwendigerweise häufig irren mußte. Dann nämlich, wenn man die Verse auf ein vergangenes Ereignis bezog, während es in Wahrheit noch in der Zukunft lag. Wir haben bereits auf das Beispiel Hitler hingewiesen. So wird er in der Centurie II, 24 und in der Centurie IV, 68 als „Hister" oder „Hifter", möglicherweise im Urtext sogar als „Hilter" bezeichnet. In früheren Deutungen verstand man jedoch „Hister" als Anagramm für „Ister", und das bedeutet Donau. Erst in der Nazizeit begann der Schweizer Astrologe Krafft damit, die entsprechenden Vierzeiler auf Hitler zu deuten.

Ein anderes Beispiel, ebenfalls aus dem Dritten Reich. In der Centurie VI, 51 heißt es:

„Menschen versammelten sich, um einen neuen Anblick zu sehen
Prinzen und Könige zwischen vielen Zuschauern.
Die Wände und die Säulen fallen. Aber wie durch ein Wunder
werden der König und dreißig der Anwesenden gerettet."

Dieser Vierzeiler wurde während der Jahrhunderte ganz verschieden gedeutet. Erst Karl E. Krafft gab ihnen die bis heute gültige Deutung: Er warnte Hitler vor dem Attentat im Bürgerbräukeller im November 1939 und berief sich ausdrücklich auf diesen Vers. Eine Warnung, die ihm erst Ruhm und später den Tod im KZ brachte.

Denn: Hätte er den braunen Machthaber damals nicht gewarnt, vielleicht wäre Hitler dann bis zum Ende der Veteranenveranstaltung im Bürgerbräu geblieben und wäre mit den anderen ums Leben gekommen. So aber blieb Hitler am Leben und das Schicksal nahm seinen Lauf. Auch für den Astrologen Krafft.

Eine weitere Quelle für Irrtümer bei der Deutung liegt darin, daß Nostradamus gelegentlich ein und denselben Vers auf zwei zeitlich weit auseinanderliegende Ereignisse anwendet. Dann nämlich, wenn die Stellung der Gestirne astrologisch identisch ist. Hier nur ein Beispiel:
Die Centurie III, 35 bezieht sich sowohl auf Napoleon als auch auf Hitler. Sie lautet:

„Im tiefsten Teil von Westeuropa wird armen Leuten ein Kind geboren.
Dieses Kind wird durch seine Zunge (Sprache) viele Menschen (wörtlich: Truppen) verführen.
Sein Ruhm wird noch viel größer werden
im Königreich des Ostens."

Die Deutung „Hitler" wäre natürlich den Zeitgenossen Napoleons nicht möglich gewesen. Jetzt im Rückblick trifft beides zu.

Und schließlich: Nostradamus ist nicht nur selbst mehrdeutig. Viele Autoren haben ihn auch schlicht falsch übersetzt, um ihre jeweilige These zu beweisen. So finden wir zum Beispiel bei Kurt Allgeier eine Nostradamus-Version, die den Selbstmord Hitlers anzukündigen scheint. Er übersetzt:

„In dem Konflikt wird der Große, der wenig wert war,
zuletzt doch die Wunder vollbringen: Während Hadrie
sehen wird, was alles verloren ist, erschießt sich der
Größenwahnsinnige beim Festmahl.“

Bei Allgeier ist „der Große“ Stalin und „Hadrie“ Hitler. Allerdings hat Nostradamus etwas ganz anderes geschrieben:

„In dem Konflikt wird der Große, der wenig wert war,
an seinem Ende eine wunderbare Tat vollbringen:
Während Hadrie sieht, was ihm not tut, ersticht er
den Hochmütigen beim Bankett.“

Und dann funktioniert die Sache mit Stalin und Hitler natürlich nicht mehr.

Und noch einmal Allgeier. Er schreibt bei VI, 65: „ ... Zwei auf dem Pflaster gegrillt“. Und bezieht das auf Hitlers erbärmliches Ende und die Tatsache, daß seine Leiche zusammen mit der toten Eva Braun vor dem Führerbunker verbrannt wurde.

Nostradamus schreibt in der Tat „ ... deux au plastre grillez“. Und das heißt: „Zwei aus gebranntem Gips“. Ein kleiner, aber entscheidender Unterschied.

All diese Möglichkeiten für Irrtümer, Fehlinterpretationen und Übersetzungsfehler muß man berücksichtigen, wenn man sich nun der um so schwierigeren Zukunftsdeutung nähert. Die beste Zusammenfassung der seriösen Zukunftsdeutung der Werke des Nostradamus bringt A. Voldben in seinem Buch „Dopo Nostradamus“ (deutsch bei Langen-Müller unter dem Titel „Die großen Weissagungen über die Zukunft der Menschheit“). Er schreibt:

„Ausnahmslos stimmen alle Interpreten über die zukünftigen Heimsuchungen überein, aber die Daten sind bei jedem anders. Auch über einen Krieg in der zweiten Jahrhunderthälfte, der schnell und vernichtend zu Ende gehen wird, finden wir eine beachtliche Übereinstimmung in den verschiedenen Quellen.

Nach der Ansicht von P. Innocent Rissaut werden rote Revolutionstruppen zehn Monate lang die Oberhand gewinnen. Sie werden Norditalien, Sizilien, Spanien, Deutschland bis an den Rhein und dann Frankreich besetzen. Paris wird in Brand gesteckt und für immer vernichtet werden. In den roten Armeen werden sich außer Russen auch Deutsche, Türken und Araber befinden. Rom wird verwüstet werden. Geistliche werden niedergemetzelt. Der Papst wird in Gefangenschaft gesetzt werden und beim Brand des Vatikan sterben. Auch ein Kardinal wird getötet werden. Es wird ein großes Schisma geben, drei Päpste zur gleichen Zeit: ein Italiener, ein Deutscher und ein Grieche. Im Lauf eines Monats werden sie alle drei umgebracht werden.

Der fürchterliche Krieg wird vom Norden und vom Osten (Palästina?) ausgehen und zwei Jahre dauern. Raketen werden eingesetzt werden. Nachdem die zehn Siegesmonate der östlichen Eroberer vorbei sein werden, wird eine neue Waffe in Aktion treten: ‚Der Blitz aus dem Himmel' wird sie von Nostradamus genannt, und sie wird die wichtigsten Städte Amerikas, Englands, Rußlands und der Balkanstaaten verwüsten. Der Krieg zwischen Osten und Westen wird mit ungeheuren Vernichtungen zu Ende gehen."

Voldben schreibt weiter:

„Der ‚Blitz aus dem Himmel' wird England treffen und ungeheure Schäden anrichten. Es wird eine Revolution ausbrechen und fatal werden für Königin Elisabeth II. . . .

Sieben Jahre später wird der italienische Große Pilot und Große Monarch wieder auftauchen, aus der Gefangenschaft befreit, in die ihn der Allemannische Kaiser gesetzt hatte. Er wird der Erde den Frieden bringen und den rechtmäßigen Papst wieder auf den Stuhl Petri setzen . . . dieser Große Monarch wird nach zehn Jahren bewegter Herrschaft nach Palästina gehen und dort als Haupt der Staaten Europas sterben."

Nach derselben Quelle wurde der Antichrist während des Pontifikats von Pius XII. in Palästina geboren. „Zu handeln wird er erst um 1980 beginnen, und um das Jahr 2000 wird er sich als universaler Monarch behaupten, wenn Rom zerstört sein wird. Dann wird es zum letzten Schisma kommen . . . Die üblen Taten des Antichrist werden sich über drei Jahre hinziehen, danach wird man ihn umbringen. Und die Menschheit wird nach all den Leiden auf die zweite Ankunft Christi warten. Kriege und Leiden, Katastrophen und Kriege, und das Schicksalsjahr 1999, in dem die letzte Invasion der Asiaten und des Antichrist zu erwarten ist, sind eine schmerzhafte, aber nötige chirurgische Operation vor dem Heraufkommen einer neuen Menschheit." Soweit Voldben und mit ihm in Übereinstimmung alle, die sich ernsthaft um den Stoff bemühten.

Wir werden jedoch sehen, daß dieses düstere Bild nur eine Möglichkeit der Interpretation ist und daß uns für die kommenden Jahre bis zur Jahrtausendwende nicht nur Blut und Tränen erwarten. Man muß Gesamtwerk und Leben des Nostradamus betrachten, um zu einer einigermaßen gültigen Deutung seiner Visionen zu kommen. „Die Kunst der Prophezeiung erfordert Vorstellungskraft und Vertrauen auf die Natur", schrieb Paracelsus, der eine ähnliche Weltschau hatte wie Nostradamus und mit ihm zur selben Zeit lebte.

Nostradamus hatte beides: Imagination und Zuversicht in die Kräfte der Natur und die Allmacht Gottes. Er war nicht der Schwarzseher, als der er immer dargestellt wurde. Nicht nur. Vieles in seinem Nachlaß läßt eine positive Deutung zu – wenigstens eine Deutung, die für uns heute Lebende positiv ist. Aus der Sicht des Nostradamus mußten zum Beispiel die Einführung der Scheidung, die Pille und der freie Umgang der Geschlechter wie eine Todsünde erscheinen. Wir denken darüber anders.

Die große Katastrophe

Nicht alles, was der große Seher geschrieben hat oder was ihm zugeschrieben wird, besteht aus dunklen Reimen. Wir sind im Besitz von Prosaschriften, in denen Nostradamus sogar eine zeitliche Reihenfolge der Ereignisse angibt, die seiner Ansicht nach bis zur zweiten Hälfte des Jahres 1999 eintreffen werden.

Dann nämlich wird ein neues Äon, ein neues Zeitalter, beginnen. Die Erde tritt aus dem Zeitalter der Fische heraus und ein in das Zeitalter des Wassermanns.

Sogar ein genaues Datum kann für dieses Ereignis errechnet werden: der 11. bzw. der 18. August 1999. Dieses Datum wurde aus den präzisen Angaben des Nostradamus erstellt, für dessen Zeitangaben noch der Julianische Kalender zugrunde lag. Er schreibt: „Im Jahre 1999 und sieben Monate wird der große König des Schreckens vom Himmel kommen. Er wird den großen König der Mongolen wieder zum Leben erwecken. Davor und danach wird Krieg sein auf der Erde."

Der siebte Monat 1999 ist nach moderner, also Gregorianischer Zeitrechnung der Monat August.

Noch präziser kann man das Datum errechnen, wenn man den folgenden Prosatext des Nostradamus genauer betrachtet:

„Dann aber wird das große Reich des Antichrist beginnen im Gebiet des Attila und Xerxes (also im Vorderen Orient und im Gebiet der heutigen Sowjetunion und ihrer Satelliten – z. B. Ungarn). In unschätzbar großer Zahl werden die Anhänger des Antichrist herunterkommen (Luftlandeflotte?), so daß das Kommen des heiligen Geistes hinausgezögert wird ... Sein (des Antichrist) Reich wird eine Zeit anhalten, denn die Zeit ist günstig für ihn. Er wird den Krieg eröffnen gegen das große Reich und gegen die Christenheit. Vorher aber wird es eine Sonnenfinsternis geben. So finster, wie sie die Welt seit dem Leiden Christi noch nie erlebt hat. Und es wird im Monat Oktober sein, daß eine große Verlagerung sein wird. Dergestalt wird sie sein, daß man denken wird, die Erde habe ihre natürliche Bewegung verloren und sei in ewige Finsternis geschleudert. Vorher werden gewaltige Veränderungen und Revolutionen gewesen sein. Es wird große Erdbeben und Naturkatastrophen geben. Und zugleich wird das neue Babylon heraufsteigen, jene mißratene Tochter. Hervorgerufen durch die Greuel des ersten Holocaust (Erster Weltkrieg). Aber seine Zeit wird nur sein 73 Jahre und sieben Monate . . ." Soweit Nostradamus im Originalton.

Und jetzt wird die Sache wissenschaftlich:

Professor Hideo Itokawa, japanischer Professor für Raketentechnik, erfuhr durch einen Dokumentarfilm der amerikanischen Nostradamus-Forscherin Erika Cheetham zum erstenmal von Nostradamus und seinen Prophezeiungen. Vor allem die Angabe des Jahres 1999 und die Sache mit der großen Sonnenfinsternis interessierte ihn.

Mit Hilfe von Computern stellte er fest, daß die Planeten unseres Sonnensystems am 18. August 1999 kreuzförmig am Himmel angeordnet sein werden. Davor, am 11. August 1999, wird es in Europa und Nordamerika eine totale Sonnenfinsternis geben. Nostradamus muß also zumindest von diesen beiden kosmischen Ereignissen Kenntnis gehabt haben.

„Das neue Babylon", das bei Nostradamus häufiger auftritt, bedeutet, darin ist sich die Nostradamus-Forschung einig, die Sowjetunion und der Weltkommunismus. „Aber seine Zeit wird nur sein 73 Jahre und sieben Monate." Die Herrschaft der Kommunisten in Rußland und damit der Weltkommunismus können astrologisch sehr gut auf eine Geburtsstunde festgelegt werden: den 9. November 1917. An diesem Tag begann in Leningrad die Vorherrschaft der Sowjets. Astrologisch gesehen „passen" alle wichtigen Ereignisse im Sowjetreich zu diesem Datum, das wurde von verschiedenen Astrologen errechnet und bestätigt.

Wenn wir dieses Datum also für die exakte Geburtsstunde des

„neuen Babylon“ halten wollen, dann wird seine Herrschaft um den 9. Juni 1991 herum zu Ende sein. Offenbar im Zusammenhang mit einem Krieg, welcher der Herrschaft des „großen Königs des Schreckens“ vorausgeht.

In einer guten Nachricht – Ende des Kommunismus und des Sowjetreichs zu Beginn der neunziger Jahre – sind gleich zwei schlechte enthalten: ein Krieg, der offenbar ein Weltkrieg sein wird, und ein Gewaltherrscher. Es bleibt freilich dunkel, ob der „große König des Schreckens“ vielleicht auch eine große Naturkatastrophe sein könnte.

Erdbeben, Hunger, ein Weltkrieg und sogar eine nukleare Auseinandersetzung sind nach Nostradamus für die letzten zehn Jahre unseres Jahrhunderts unausweichlich. Aber diese Menschheitskatastrophen werden nicht das Ende der Erde und ihrer Bewohner bringen. Im Gegenteil: Die Menschen werden geläutert daraus hervorgehen. Sie werden sich wieder auf die wahren Werte besinnen, werden das in Jahrtausenden angehäufte Wissen zum allgemeinen Nutzen verwenden und beim Eintritt in das neue Zeitalter eine höhere Stufe der Erkenntnis und der Reife erlangt haben. Verursacht wird das Ganze freilich sein durch bittere Erfahrungen, Leid, persönliche Verluste und eine erzwungene Zurückführung auf das Existenzminimum.

Nostradamus hat bei seinen Prophezeiungen nur die großen Wendepunkte der Geschichte im Auge gehabt, wobei Zeiten des Friedens und Wohlstands – wie die Zeit, in der wir trotz allem im Augenblick leben –, kaum eine Rolle spielen. Aber ruhige Zeiten, das lehrt auch die gesamte Geschichte, sind immer nur Zeiten des Atemholens vor dem nächsten Sturm gewesen.

Nostradamus selbst sagt, daß seine Vorhersagen für ganz Europa und einen Teil Afrikas gelten. An anderer Stelle scheint er auch Amerika einzubeziehen, denn häufig erwähnt er eine „neue Stadt“, beschreibt ihre Wolkenkratzer und ihre geographischen Besonderheiten. Aber wir dürfen nicht vergessen, daß er ja Franzose war und die Welt aus seiner Perspektive sah, nämlich aus dem Blickwinkel der Provence, die für ihn als das Zentrum der Welt galt.

Wenn in seinen Prophezeiungen immer wieder von Frankreich die Rede ist, dann bedeutet das nicht, daß Frankreich eine so überragende Rolle in der Weltgeschichte spielt und spielen wird – vielmehr lag dem Seher das französische Schicksal eben besonders am Herzen.

Wir haben deshalb versucht, diese – von uns aus gesehen – Verzerrung der Perspektive wieder zu berichtigen. Ein Beispiel: Er schreibt von einem „großen König", der gegen Frankreich zieht. Ein König, der „aus der Tartarei" hinter dem Schwarzen Meer kommen will. Auf diesem Wege nach Frankreich wird er das Land der Alanen (Südrußland) und Armenier durchqueren und seinen blutigen Stock in der Türkei zurücklassen (Centurie V, 54).

Es ist ganz klar: Wer immer es sein wird, der da aus Südrußland kommt – sein Ziel wird Mitteleuropa sein, nicht Frankreich. Das wird auch deutlich an anderer Stelle, wo von einer „Vereinigung der Schwachen" (Europäische Gemeinschaft) die Rede ist, die von einem Verräter angegriffen und überrannt werden.

„Lübeck und Meißen werden auf der Seite des Barbaren sein." Hier ist klar die Rede von einem östlichen Angriff auf Mitteleuropa und von einer Besetzung Westdeutschlands. Und zwar zu einem Zeitpunkt, der noch in der Zukunft liegt. Nach unseren Berechnungen dürfte es sich dabei um das Jahr 1990 handeln. Doch dieser östliche Vorstoß (und es müssen nicht unbedingt die Russen sein, von denen die Rede ist; denkbar wären auch die Chinesen) wird aufgehalten und schließlich zurückgeschlagen werden. Das Schlachtfeld Mitteleuropa wird wieder eine Zeit des Friedens erleben.

Doch berichten wir der Reihe nach von Ereignissen, die eines Tages Wirklichkeit sein werden, von Geschehnissen, die in überblickbarer Zukunft die Nachrichten des Tages sind.

Mögliche Entwicklung im Nahen Osten und Nordafrika

Unter den großen Verheißungen des Nostradamus für die achtziger Jahre nimmt die Verkündung des Friedens in Nahost eine wichtige Stellung ein. Wir können nicht genau das Jahr bestimmen, aber im Vergleich zur logischen Reihenfolge anderer angekündigter Ereignisse dürfte es sich hier um die Jahreswende 1984/85 handeln.

Am deutlichsten wird dieses Ereignis in der ersten Centurie, Vers 40:

„Der falsche Wirbel, der den Irrsinn verbirgt, wird in Byzanz
eine Änderung des Gesetzes bewirken. Von Ägypten wird
ein Mann ausgehen, der darauf besteht, daß man das Edikt
zurücknehmen wird.
Er wird die Werte und Standards verändern."

Hier ist vom „falschen Wirbel" der PLO-Bewegung die Rede, von Präsident Sadat, der eine Änderung herbeiführt. Das „Edikt" ist offensichtlich die Charta der PLO, die Israel zum Feind erklärt und seine Vernichtung fordert. Die Standards werden geändert sowie die alten Werte. Es wird Frieden geben in „Byzanz", also im Nahen Osten. Ausgehend von Sadats Friedensoffensive.

Allerdings: „Der Große wird fallen von meuchlerischer Hand, ehe er sein Werk vollendet sieht", heißt es in einer Prosastelle aus dem Nachlaß. Aus dem Zusammenhang ergibt sich, daß Sadat ermordet wird, ehe er sein großes Friedenswerk beschließen kann. Doch das Glück scheint mit seinem Nachfolger zu sein.

Dem Frieden auf der einen Seite folgt ein Krieg in einer anderen Richtung:

„Ein Mann, der den Namen des Propheten trägt
(Muhamar al Ghaddafi)
wird an einem Montag eine große Nation überfallen
(Ägypten, Europa?).
Er wird in seinem Irrsinn sehr weit gehen
und eine wirtschaftliche Katastrophe verursachen."

Aber offensichtlich wird seine Absicht vereitelt, er wird zurückgeschlagen unter großen Opfern.

Aus Südosten scheint Europa um die Mitte der achtziger Jahre auch ein Luftangriff zu drohen. Eine Vorstellung, die mit den heutigen Vorstellungen nicht übereinstimmt:

„Der Orientale wird sich von seinem Sitz erheben.
Er wird den Apennin überqueren,
den Himmel, die See und den Schnee durchkreuzen.
Und er wird einen jeglichen mit seiner Waffe schlagen."
(Centurie II, 28)

Dieser Angriff scheint im Winter 1985/86 bevorzustehen, vorangetragen von einer hochgerüsteten Nation.

Denkbar wäre natürlich auch eine wirtschaftliche Invasion ohnegleichen durch die Japaner. Aber auch: Falls Israel mit seinen Nachbarn tatsächlich Frieden schließt, wird sich die Region zu einem Exportgiganten entwickeln, der imstande wäre, die EG an die Wand zu drücken.

Von einem Erstarken „Mesopotamiens" gegen Ende unseres Jahrhunderts ist vielfach die Rede. Doch bleibt es unklar, ob damit eine Art nahöstliche Wirtschaftsgemeinschaft oder ein Großpersisches Reich gemeint ist.

Und noch einmal wird vor einem Invasoren gewarnt. In Centurie II, 30 heißt es wörtlich:

„Ein Mann, der die höllischen Götter Hannibals
wiederbelebt. Niemals zuvor wurde in den Zeitungen (!)
über so viel Schrecken berichtet,
als zu den Römern kommen wird durch Babel.“

Man kann diese Verheißung nun wörtlich verstehen, dann kommt eigentlich nur Ghaddafi in Frage, der die nördliche und westliche Welt angreift. Man kann aber auch an den „Orientalen“ aus Centurie II, 28 denken in Verbindung mit dem bereits Gesagten. Dann wird dieser Mann „aus Babel“ kommen, nämlich aus Nahost. „Zeitungen“ (wörtlich: Journaulx) übrigens hat es zu Nostradamus’ Zeiten noch nicht gegeben. Eine interessante Textstelle.

Faßt man diese Beispiel zusammen und analysiert sie zusammen mit entsprechenden Stellen aus den Prosatexten, dann ergibt sich folgendes wahrscheinliche Bild für Nahost und Nordafrika gegen Mitte der achtziger Jahre:

Frieden, Zusammenschluß und politisches Erstarken der Region zwischen Libanon und Ägypten. Rückgang der nationalen Bedeutung Israels. Ein großer Potentat oder ein großes Potential wird sich von dort ausgehend aggressiv gegen Europa wenden. Ob es dabei tatsächlich zur Austragung von Feindseligkeiten kommt oder nur zu einer ideologischen oder wirtschaftlichen Überschwemmung, bleibt offen.

Ein Krieg in Nordafrika erscheint jedoch unvermeidlich. Auch dieser Krieg ist gefolgt von nationalen Zusammenschlüssen.

Getrennt davon vollzieht sich die Entwicklung in Persien. Hier steht zweifellos ein Machtkampf bevor zwischen den „blauen“ und den „weißen“ Turbanen. Ein Kampf, der zugunsten der blauen Turbane entschieden wird.

Das ließe auf eine Eingreiftruppe der UNO in Persien schließen, denn die UNO-Soldaten tragen blaue Stahlhelme. Da die UNO aber niemals selbst als kriegführende Partei auftritt, kann man daraus entnehmen, daß es in Persien zu so schweren Unruhen kommen wird, daß die Weltorganisation eine Eingreiftruppe zur Wiederherstellung von Ruhe und Ordnung entsenden wird. Dieses Ereignis kündigt sich bereits für 1983 an – möglicherweise im Oktober.

Persien wird indes ein ständiger Unruheherd bleiben bis weit in die neunziger Jahre hinein. Von hier scheint eine Erneuerungsbewegung auszugehen, welche die ganze Welt beeinflussen dürfte. Allerdings scheint in der Vorstellungswelt des Nostradamus alles, was etwa östlich von Euphrat und Tigris liegt, mehr oder weniger eine Einheit zu bilden, so daß man nicht mit Sicherheit sagen kann, ob er noch vom Vorderen Orient spricht oder bereits von Indien oder gar von China und Japan.

Am Ende der achtziger Jahre ist die gesamte Region geeint. Nach Nostradamus nicht unbedingt zum Segen Frankreichs und „Lunas“, womit er die katholische Kirche meint. Wiederum dürfen wir jedoch nicht vergessen, daß die Interessen des Nostradamus diejenigen Frankreichs und der katholischen Kirche im sechzehnten Jahrhundert gewesen sind, und daß sich das Weltbild der meisten Europäer inzwischen entschieden verlagert hat. Und schon heute ist es so, daß zum Beispiel die Interessen Frankreichs und Israels weit auseinanderlaufen.

Und natürlich gehen auch die Interessen der Industrienationen und die der erdölproduzierenden Staaten auseinander.

Es scheint so, daß durch eine fortschreitende Industrialisierung auf der arabischen Halbinsel, durch wachsendes technisches Wissen und geeignete wirtschaftliche Maßnahmen ein gewisser Ausgleich stattfindet. Doch das Erdöl, die „sabäischen Tränen“, wie Nostradamus es nennt, wird nach einer kriegerischen Auseinandersetzung in Europa seine Bedeutung verlieren. Die Menschheit wird sich neue Energiequellen erschließen.

Mögliche Entwicklung in Europa

Einen breiten Raum in der Nostradamus-Forschung nimmt Ankunft und Herrschaft des sagenhaften „Heinrichs des Glücklichen“ ein. Er soll – geboren im Jahr 1981 – der große europäische Führer der Zukunft werden, bis weit über den Anbruch des neuen Äon hinaus.

Man sieht in ihm so eine Art Weltmonarch, der mit Weisheit, Umsicht und ungebrochener, wenn auch nicht unangefochtener Macht regieren wird. Nach modernen Begriffen wäre er etwa der Präsident eines europäisch-amerikanischen Staatenbundes. Sein großer Gegenspieler wird der letzte Antichrist sein, wobei es unsicher ist, ob für Nostradamus der dritte Antichrist der letzte ist oder ein weiterer vierter. Jedenfalls wird ein Weltkrieg an dem Gegensatz zwischen beiden entbrennen. Freilich noch nicht in unserem Jahrzehnt, denn schließlich ist der glückliche Heinrich ja noch ein Kind. Auch sein Gegenspieler ist bereits in unserer Mitte. Er scheint osteuropäischer oder vorderasiatischer Abkunft zu sein. Freilich wird es bei Nostradamus nicht ganz klar, ob es sich dabei um eine Person oder um eine Ideologie handelt. Im letzteren Fall wären der dritte Antichrist (Kommunismus) und der vierte Antichrist ein und dasselbe. Die meisten Nostradamusforscher sehen in ihm jedoch eine Person, die aus dem kommunistischen Machtbereich stammt.

Doch lange, bevor die beiden Gegenspieler aufeinandertreffen, noch in unserem Jahrzehnt, erahnt Nostradamus eine blutige Auseinandersetzung um das Erdöl. Freilich, es wird nicht – noch nicht – ein dritter Weltkrieg sein. Eher das, was der amerikanische Präsident einen „Schlagabtausch mit taktischen Waffen“ nennt. Ein begrenzter Krieg auf europäischem Boden. Die entsprechende Stelle bei Nostradamus lautet:

„Wenn die sabäische Träne (das Erdöl) an seinem höchsten Preis
angelangt sein wird,
dann wird man menschliches Fleisch zu Asche verbrennen.
Auf der Insel Pharos durch Kreuzfahrer gestört.
Dann wenn auf Rhodos (oder: in Rhodesien) ein Gespenst
erscheint." (Centurie V, 16)

Niemand vermochte bis jetzt den wahren Sinn des zweiten Teils der Weissagung zu entziffern. Aber der erste Teil ist klar: ein nuklearer Krieg um das Erdöl.

Manche Interpreten wollen diesen Krieg in den Nahen Osten verlegen. Manche sehen in den Zeilen die Ankündigung des dritten Weltkriegs. Dennoch sprechen die Wahrscheinlichkeit und eine verschlüsselte Zeitangabe für eine Auseinandersetzung im Bereich der Nato – vielleicht in Südeuropa.

Vielleicht bedeuten die letzten Zeilen, daß Schlachtschiffe und Flugzeugträger der Kontrahenten im Mittelmeer kreuzen. In der Nähe der ägäischen Inseln. Vermutliche Zeit für diese Ereignisse: 1986 bis 1987.

Seltsame, immer wiederkehrende Prophezeiungen sprechen davon, daß sich in Europa der Islam breitmachen wird (Centurie V, 55, Centurie III, 27, Centurie I, 18). So wird „durch einen libyschen Fürsten" zum Beispiel die arabische Sprache eingeführt, ein Mächtiger, der sich zum Islam bekehrt, wird in Spanien herrschen und Italien angreifen.

Das ist natürlich dunkel und paßt nicht in unsere Begriffswelt. Eine Deutung wird möglich, wenn man sich einmal die immer stärker werdenden arabischen Beteiligungen an europäischen Industrieunternehmungen betrachtet und sich ins Gedächtnis ruft, wie zum Beispiel Ghaddafi italienische Journalisten maßregeln ließ, weil sie etwas gegen ihn geschrieben hatten. Mit anderen Worten – der arabische (islamische) Einfluß in Europa wächst, so lange es die Scheichs verstehen, sich mit ihren Ölmilliarden immer mehr Anteile von europäischen Firmen zu kaufen.

Und da Nostradamus mit seinen entsprechenden Centurien

und Prosatexten die achtziger Jahre unseres Jahrhunderts meint, darf man wohl annehmen, daß dieser Einfluß bereits zu Beginn des Jahrzehnts stärker wird und sich etwa ab Mitte 83 aggressiv ausbreitet.

Immer wieder ist auch die Rede von einer Invasion Mitteleuropas über die Mittelmeerhäfen, in denen sich der Strand und das Meer rot färben. Auch diese Vision des Sehers bezieht sich auf die achtziger Jahre.

Aber sie muß nicht unbedingt kriegerisch gedeutet werden. Die Invasion der Mittelmeerhäfen kann durchaus und sogar sehr wahrscheinlich eine Invasion durch Touristen sein. Strand und Meer färben sich rot von der Masse der badenden Leiber. Es hat sich ja auch in der Vergangenheit gezeigt: Trotz Krisen, Streiks und Preiserhöhungen wird der Trend der europäischen Touristen zum Mittelmeer immer stärker. „Die Pfütze ist voll" schrieb eine deutsche Illustrierte bereits Ende der siebziger Jahre und meinte das Mittelmeer, das voll mit Touristen war.

In den achtziger Jahren wird sich dieser Trend noch verstärken, denn die Menschen werden immer mehr Freizeit haben – trotz oder gerade wegen der wirtschaftlichen Rezession. Gerade weil die Vision von den vollen Häfen und dem roten Strand und Meer so oft wiederkehrt, manchmal sogar in Verbindung mit dem Wort „Menschenleiber", dürfte es sich um eine touristische Horrorvision des Nostradamus gehandelt haben. Denn ein Krieg um die Mittelmeerhäfen mit heftigem Blutvergießen ist im höchsten Maß unwahrscheinlich. Nicht einmal für den Fall eines Weltkrieges, der unter anderem ganz Europa erfaßt. Häfen haben heute nur noch begrenzte strategische Bedeutung.

So löst sich manches auf, was bei Nostradamus, vielmehr bei seinen zahlreichen Interpreten, so kriegerisch klingt. Und schließlich ist auch eine touristische Massenbewegung hochsignifikant für die Zeit, in der wir leben. So etwas hat es noch nie zuvor gegeben und ist allemal die Vision eines Sehers wert.

Eine höchst seltsame Warnung des Nostradamus, die er sogar in der sehr seltenen Ich-Form ausspricht, gilt seinem Heimatland

Frankreich. Er warnt die Franzosen gleich zweimal vor einem persischen Abenteuer und vor einer Expansion in Richtung Nahost. Denn:

„Von diesem Unternehmen droht große Verwirrung
und der Verlust zahlloser Menschenleben.
Du solltest dich nie wieder ausdehnen, Frankreich.
Denk an meine Worte.“ (Centurie II, 24)

Ayatollah Khomeini ist vom französischen Exil aus als Schrekkensherrscher nach Persien geflogen. Einige Jahre später floh Staatspräsident Bani Sadr in umgekehrter Richtung. Beide Bewegungen waren bereits jetzt mit Blutvergießen und dem Verlust an Menschenleben verbunden.

Da sich die Warnung jedoch auf unser Jahrzehnt bezieht, und zwar auf die Jahre 1985/86, wäre es denkbar, daß aus dieser französisch-persischen Verbindung noch größeres Unheil erwächst. Etwa ein französisch-persischer Krieg, wie ihn der greise Ayatollah in seiner senilen Überheblichkeit bereits angedroht hat. Unwahrscheinlich zwar, aber in unserer Zeit geschehen die unwahrscheinlichsten Dinge.

Jedenfalls scheint sich Frankreich immer mehr aus dem europäischen Staatenbund hinauszumanövrieren. Ebenfalls gegen Mitte unseres Jahrzehnts wird es sich auf ein höchst gefährliches Bündnis mit „Mascon“ (Moskau) einlassen. Obwohl Nostradamus warnt: Einem aus der alten Allianz wird man nicht mehr trauen können.

Daraus schließt die Forschung, daß dieser eine aus der alten Allianz (des Zweiten Weltkriegs) die Sowjetunion ist. Und wenn man jemandem nicht trauen kann, dann droht Gefahr. Und sicher ist damit nicht Afghanistan gemeint, sondern eine konkrete Gefahr. Sowjetische Invasion in Polen nach Beschwichtigungsversuchen des ehemaligen Alliierten? Nach unseren heutigen Begriffen und Befürchtungen durchaus denkbar.

Nostradamus über Deutschland

Der Weltbürger und Weltenseher Nostradamus hat seine politische Geographie nie in unser übliches System der Längen- und Breitengrade eingepaßt. Staaten und Orte, die er nennt, müssen keineswegs dieselben sein, die seine Zeitgenossen damals so benannten oder die wir heute unter den entsprechenden Namen kennen. Ortsnamen und Himmelsrichtungen bei Nostradamus stehen viel öfter für Ideen und Ereignisse. Der Nostradamus-Forschung ist damit der einfache Weg genommen, bestimmte Verse der einzelnen Centurien an einer Stadt oder einem Land festzumachen. Bereits erfüllte Prophezeiungen aber, Vergleiche und besonders die in den letzten Jahren begonnene Computer-Bestimmung nicht nur der Inhalte, sondern *auch* der Struktur der Centurien ermöglichen inzwischen eindeutige Auslegungen des geo-politischen Gehalts von Nostradamus' Werk.

Spricht der Seher von Frankreich, dem „Tempel", dem „Hahn", seinem „Gallien" oder „Narbonne", so meint er oft nicht nur das uns bekannte, in seinen Grenzen festgelegte Frankreich, sondern zumeist ein geistiges Frankreich, das wir heute mit Westeuropa gleichsetzen dürfen, ganz besonders in jenen Versen, die unsere Zeit und die kommenden Jahrhunderte betreffen. Im Gegensatz aber zu jener großen Geste, mit der Nostradamus Frankreich als Wiege und als Zentrum des europäischen Westens darstellt, wird er viel kleinteiliger und ganz spezifisch, wenn er andere Staaten behandelt.

Deutschland ist ihm „Germanien", ganz klar, ist ihm aber auch „der gelehrte Gegner", das „Land der Adler", das „Land im Norden" oder das Land „der Cimbern". Und in jenen jetzt aufgefundenen Prosastücken, die nach der bisherigen Entschlüsselung vermutlich Briefe an einen erst 100 Jahre nach seinem Tod geborenen

Empfänger darstellen, beschreibt Nostradamus „das halbe Land zwischen den zwei Strömen, die ins kalte Meer fließen", in dem aber „der Hahn ein Nest finden" wird: Beschreibung der Bundesrepublik und ihrer Beziehungen zu Frankreich.

Erstaunlich ist, daß nicht nur in vielen Versen, sondern auch in diesen Gebrauchsanweisungen für einen späteren Leser der Seher so viel Gewicht auf das spezielle Verhältnis der Deutschen und Franzosen legt, erklärbar nur durch seine Vorherschau der historischen Entwicklung in Mitteleuropa und die daraus gereifte Kenntnis der Spannungen zwischen Frankreich und Deutschland. Im Gegensatz aber zu den vielen Schreckensvisionen, die Nostradamus der Menschheit nachgelassen hat, gibt er Hoffnung, wenn man die speziell Deutschland, die Deutschland und Frankreich und die Frankreich und Europa betreffenden Verse analysiert.

Le saint Empire viendra en Germanie
Ismaelites trouveront lieux ouverts.
Anes voldron aussi la Carmanie,
Les soustenens de terre couverts.
„Das Heilige Reich wird nach Germanien kommen.
Die Ismaeliten finden offene Tore
Die anderen werden ebenfalls Carmanie wollen,
Die Unterstützer sind mit Erde bedeckt."

Der 31. Vers der X. Centurie ist die große Prophezeiung über Deutschland. Um diesen inneren Vers reihen sich alle anderen, die Nostradamus zu diesem ihm besonders wichtigen Teil der weltgeschichtlichen Entwicklung gemacht hat. Legt man nach dem Muster konzentrischer Kreise die entsprechenden Vierzeiler aus den anderen Centurien des Sehers darum herum, so ergibt sich daraus die Basis einer Pyramide oder die Spitze eines Kegels, von der aus erst viele der anderen Verse ihre richtige Erklärung finden. Diese Form der Nostradamus-Analyse wurde erst durch den Einsatz eines Computers möglich. Die bisherigen Ergebnisse an diesem einen Beispiel aber sind so vielversprechend, daß damit möglicherweise ein Schlüssel zum Zeit-Code, den Nostradamus bei seinen Aufzeichnungen anwandte, gefunden wurde.

Der Zeitraum, den dieser Vers 31, X, ankündigt, wurde auf das zweite oder dritte Jahrzehnt des nächsten Jahrhunderts bestimmt. Danach wird also im Jahre 2020 bis 2030 das „Heilige Reich" nach Germanien kommen. Es wird das Reich einer Macht sein, die den Armen und Ausgestoßenen Zuflucht gewährt: „Die Ismaeliten finden offene Tore."

Ismael war der Sohn Abrahams und der Hagar – er und seine Mutter wurden in die Wüste geschickt. In jenem kommenden Reich wird man sie mit offenen Armen aufnehmen. Denn die „Ismaeliten", ein Beispiel für die vollendete Verschlüsselungskunst von Nostradamus, bezeichnen zunächst einmal nicht den Stamm, sondern die Menschen, denen das Schicksal des Ausgesetztseins zuteil wurde. Doch doppelbödig, wie Nostradamus immer ist, hat er sein Beispiel nicht von ungefähr im Bereich des Heiligen Landes angesiedelt.

Denn die Bedrohung des „Heiligen Reiches", das keineswegs Deutschland allein umfaßt, sondern nur von ihm und – wie noch zu sehen sein wird – Frankreich ausgeht, kam in den Jahren davor vor allem aus dem Osten und Südosten. Der Süden gegen den Norden, Entwicklungsländer gegen Industrienationen, die Ölstaaten gegen die ölverbrauchenden Länder. Die Ismaeliten sind auch die Araber, sie sind aber auch, dritter Boden dieser Verszeile, alle Völker, die Zuflucht und Hilfe erwarten von dem „Heiligen Reich", das im Zentrum Europas auf deutschem Boden entsteht.

Löst sich ein Rätsel in einem Nostradamus-Vers, so öffnet sich dahinter ein Raum, der sofort das nächste Rätsel aufgibt. Und der völlige Sinn einer Passage erschließt sich erst, wenn der Nostradamus-Schüler alle Türen eines Verses öffnet. In diesem Vers, wie in den meisten, setzt der Seher eine klare, gültige Aussage, die er von dreimal drei Rätseln umgibt. Und erst die Auflösung aller neun Rätsel, die mystische und heilige Zahl Drei mit sich selber malgenommen, plaziert die klare Aussage in den richtigen zeitlichen und geographischen Zusammenhang.

Der Weg von einer Verschlüsselung zur nächsten ist dabei auch noch von Bedeutung. Nicht immer ist die zuerst gefundene Lösung auch die erste in der Rangfolge. Der Nostradamus-Leser muß immer wieder suchen, ausprobieren, das Puzzle neu ordnen, um sicher zu sein, sich auf dem richtigen Weg zu befinden.

In X, 31 zeichnet sich der Weg klar ab. Das „Heilige Reich" entsteht in Deutschland. Es wird Zuflucht bieten allen Zufluchtsuchenden, denn es wird ein gerechtes Reich sein und ein friedfertiges. Benutzt man im Kontext dazu andere Verse zum Beispiel aus der IV. Centurie, so wird klar, daß Nostradamus das Schlüsselwort „heilig" immer im Zusammenhang mit dem Kreuz sieht – nicht notwendigerweise dem christlichen Kreuz, aber dem Kreuz als Symbol des Friedens. „Das Kreuz, das ist der Friede – erreicht unter dem Wort des Gottes", schreibt der Seher. Zieht man nun weiter andere entsprechende Verse hinzu, so läßt sich die von Nostradamus für das nächste Jahrhundert anvisierte Gesellschaft ziemlich genau beschreiben. Und deshalb ist klar, daß mit den heimkehrenden Ismaeliten eine Form der Weissagung benutzt wird, die dem Kenner eine ganze Welt aufbaut.

Genau wie die zweite Zeile des Verses löst sich die dritte Zeile. Verschlüsselt ist zunächst das Wort „Anes". Wiederum ist der erste Schritt zu seiner Entschlüsselung nicht die offensichtliche historische Anspielung, sondern die Lösung des Wortspiels. Anes sind die *anderen,* es sind alle, die sich nicht in der Situation der Ismaeliten befinden und nicht das Glück der europäisch-deutschen Union teilen, den gerechten Staat errichtet zu haben. Sie alle wollen an dem Friedensreich teilhaben, das Nostradamus jetzt aber nicht „Germania", sondern „Carmania" nennt.

Der Hinweis, den der listige Verschlüßler damit gibt, ist wichtig. Er erläutert noch einmal den Umfang des „Heiligen Reiches". Nicht Deutschland allein ist es, obwohl zentral dazugehörig. Es ist ein Europa, das seinen Frieden mit den Nachbarn gemacht hat bis hinein nach Asien, bis hinunter nach Carmania am Persischen Golf. Eine Welt tut sich auf. Der Persische Golf bedeutet Öl. Und da die Ismaeliten, die einst Verstoßenen, aber auch die Araber, die

Kinder jener Region, freudig zu dem „Heiligen Reich" gekommen sind, läßt Nostradamus keinen Zweifel: Jenes Reich in etwa fünfzig Jahren von heute wird auch ein reicher Staatenbund sein.

„Carmania" ist aber auch Anspielung und Anagramm. „Macar" = Moskau verbirgt sich, das Nostradamus in seinen Prosatexten oft den „makarischen Bären" nennt. Diese Auslegung verstärkt sich, wenn man die Farbanspielung „Karminrot" hinzunimmt. Hinweis darauf ist auch der zweite Schlüssel zum Worte „Anes": Unter diesem Namen stand einst im hinteren Kaukasus ein vorderasiatisches Herrscherschloß, das die Goldene Horde auf ihrem Weg nach Europa zerstörte. Die Ani sind also nicht nur die anderen, sondern auch die Südrussen, die Russen überhaupt, die teilhaben wollen an dem neuen Reich. Der große Feuersturm ist längst vorbei. Der August 1999 liegt mindestens 21 Jahre zurück, und „das neue Babylon", das sowjetische Reich, hat aufgehört, als Bedrohung seiner Nachbarn zu existieren. Jetzt kommen seine Völker zu dem Gebilde im Westen, auch sie haben Sehnsucht nach Frieden und Gerechtigkeit. Es sind die „Anes", die anderen, die Leute aus Ani, es sind aber auch die Beladenen, die Elenden, die Geknechteten – und, Nostradamus ist die derbe Sprache gewiß verziehen, die Ärsche, die Hintern, die Esel der Welt, die endlich an die Krippe finden.

Sechs der neun Rätsel sind gelöst: das Heilige Reich, das Nostradamus sah, nimmt immer mehr Gestalt an. Der Seher selbst sagt in dem fragmentarischen Brief an den Arzt und Wissenschaftler Gabriel Ligitur, der um 1680/90 in Genf praktiziert haben muß: „Der Merkur aber hat den Adlern des Mars ihre Schrecken vergeben, denn ihre Schwingen schützen gerne ihn und sich. In ihren Federn aber findet der Hahn ein Nest im halben Land zwischen den zwei Strömen, die ins kalte Meer fließen." Merkur ist der Schutzpatron Frankreichs, auch der Hahn symbolisiert Gallien, und die Adler des Mars sind die Deutschen, denen die Schrekken der Vergangenheit vergeben sind.

Von diesem geopolitischen Zentrum geht Nostradamus dann in der vierten Zeile des Verses X, 31 aus. Überall auf dem Festland stehen die Unterstützer des neuen Reichs. Aber auch: Überall deckt die Erde des Reiches Unterstützer. Und schließlich: Das Reich ist auf sicherem Grund gebaut. Im Klartext heißt das: Das Heilige Reich wird erkämpft werden müssen, denn die Erde wird die Gräber vieler seiner Vorkämpfer decken. Dennoch werden sie siegreich sein.

Nur Nostradamus allein hat es geschafft, in seiner seherischen Poesie in eine Zeile allein durch die Wortwahl das Geschehen in der Vergangenheit und den Zustand in der Zukunft zu legen. Und das Vergnügen, daß der heutige Nostradamus-Leser beim Entschlüsseln der Texte des Meisters empfindet, erhöht sich noch durch die Botschaft. Ganz besonders in dieser, aber auch in vielen anderen Aussage-Gruppierungen, zeigt sich, daß der geheimnisvolle Mann aus Salon keineswegs nur ein Seher des Schreckens gewesen ist.

Durch komplizierte Berechnungen und Vergleiche gelang es der modernen Nostradamus-Forschung, den eben entschlüsselten Vers X, 31 als Grundbaustein und inneren Ring der um Deutschland, Frankreich und Europa kreisenden Prophezeiungen zu identifizieren. Von ihm aus läßt sich in beliebiger Richtung Anschluß finden an dazugehörige Prophezeiungen. Die bisher bestehenden Schwierigkeiten, genau das zu tun und mit einer völlig überzeugenden Nostradamus-Erläuterung aufzuwarten, entstanden hauptsächlich durch die verwirrende Vielzahl der möglichen Anschlüsse. Erst die schon erwähnte Computer-Analyse macht das Vexierspiel, das Nostradamus vor allem auch in seiner Numerierung der Verse und Centurien treibt, etwas durchlässiger.

Das Netz knüpft sich danach weiter, wenn der Leser sich II, 87 zuwendet. Der Vers lautet:

Apres viendra des extremes contree,
Prince Germain, dessus le throsne doré:
La Servitude & eaux recontreés,
La dame serve, son temps plus n'adore.
„Danach wird kommen aus fernen Ländern

Ein deutscher Prinz auf den goldenen Thron:
Sein Reich geht bis zu fernen Wassern.
Die Dame wird untergeordnet sein, ihre Zeit nicht mehr bewundert."

Auch dieser Vers ist nach dem gleichen Schema verschlüsselt wie sein Vorgänger: Eine These wird geliefert, und dreimal drei Rätsel geben ihr weiteren Inhalt. Im folgenden wird die nach heutigem Kenntnisstand allein mögliche erklärende Übersetzung gegeben, ohne die Einzelschritte der Decodierung aufzuzählen.

Aus fernen, bisher einander entgegengesetzten, einander fremden Ländern kommt ein deutscher Prinz, Herrscher, Politiker, von Gott in seine Macht eingesetzter Sohn eines Herrschers, auf den Goldenen Thron, an die Macht, zur Regierung. Sein Reich dehnt sich bis zu den fernen Wassern. Aber dort endet seine Herrschaft auch, die keine Gewaltherrschaft ist, sondern eine ordnende und den Menschen dienende. Sein Regiment wird ein männliches Regiment sein – Nostradamus gibt dem Mann bestimmte Tugenden, und der Frau andere, ohne dabei den spezifischen Geschlechtergegensatz im modernen Sinne zu meinen.

Die Dame dient, trägt bei, erfüllt den Goldenen Thron mit Leben, aber sie dominiert nicht, sie allein wird nicht mehr angebetet.

Ein komplexer Vers, den die Nostradamus-Forschung seit Jahrhunderten immer wieder neu zu interpretieren sucht. An ihm zeigt sich eines der Rätsel, die der Weise seinen Nachkommen aufgab, in besonders brillanter Form. Und reibungslos schließt hier auch ein Schlüssel das Schloß, den erst die moderne Nostradamus-Forschung beisteuern konnte. Er stammt aus den Prosafragmenten und scheint zunächst nur ein Hinweis an Gabriel Ligitur zu sein, das Studium der Centurien allein und in Ruhe vorzunehmen. Gewitzt aber durch die Doppel- und Dreifachdeutigkeit der Texte des Alten wurde die Stelle inzwischen neu überprüft.

Nostradamus schrieb: „Du aber lies in der Stille und erkenne das Wort. Jener aber lese in der Stille und erkenne das Wort. Und jedes Wort wird das richtige sein."

Den Schlüssel, den der Prophet hier selbst liefert, haben bisherige Interpreten seines Werks stets übersehen – oder nicht gekannt. Denn Nostradamus sagt damit klar, daß sowohl der eine als auch der andere Leser seines Werkes zu einer Deutung kommen kann, die richtig ist, obwohl beide Deutungen miteinander nichts zu tun haben. Und wenige Zeilen später wird vollends einleuchtend, auf welche Gesetzmäßigkeit der Astrologe Nostradamus aufmerksam machen will. Er schreibt: „Nur die Sterne bestimmen immer wieder, wann das Wort Wahrheit wird."

Würdigt man die Bedeutung dieses Hinweises richtig, dann beendet der einzig richtige Schluß daraus den jahrhundertealten Streit um die „richtige" Auslegung der einzelnen Verse von Nostradamus. Es gibt bei vielen Versen, wenn nicht gar bei allen – das zu entscheiden muß einer neuen gründlichen Analyse *aller* möglicherweise 23 Centurien vorbehalten bleiben – mehrere richtige Deutungen. Oder andersherum gesagt: Die Vorhersagen des Nostradamus können auch zwei oder mehrere, miteinander nichts zu tun habende historische Ereignisse in einem einzigen Vers darstellen, abhängig nur von der Konstellation der Gestirne, die – weil identisch – Nostradamus bei den entsprechenden Ereignissen veranlaßte, denselben Orakelvers für sie gelten zu lassen.

Im Falle des Verses II, 87 gibt es diese, in der Nostradamus-Forschung inzwischen „doppelte Lösung" genannte Situation. In der ersten historischen Variante wird die Situationsbeschreibung auf den Prinzen Georg von Hannover angewandt, der 1714 auf den englischen Thron kam. Georg war ein deutscher Prinz, Hannover ein entferntes Land. Das im Originaltext benutzte Wort „Germain" hat außerdem noch die zweite Bedeutung „Vetter" oder „Verwandter". Auch das war Georg I. – ein Vetter der Königin Anne. Der Leser sieht wieder, wie sich die vielen Türen vor den Rätseln der Verse öffnen. Und der bemühte Nostradamus-Forscher ist entzückt, wenn sich ihm – wie hier – eine solche Perle der Wortspielkunst des Meisters enthüllt.

Englands Thron in jener Zeit wurde mit Recht „golden" genannt – er war einer der begehrtesten Herrschersessel des 18. Jahrhunderts. Doch Georg hatte ihn nicht erkämpft oder erobert, er wurde ihm angeboten: „servitude" = Dienstbarkeit, auch Knechtschaft spielt darauf an. Und die Dame, die nicht länger angebetet wird, ist die Mutter Kirche, die katholische Religion, die mit den Hannoveranern endgültig ihre Stellung im Staate verlor.

Eine schlüssige Interpretation – und lange Zeit für die einzige gehalten. Und nur dank der modernen Forschung ist es heute möglich, jene schon für „besetzt" gehaltenen Verse aus allen Centurien noch einmal zu überprüfen. Im Falle dieses Verses führte das eindeutig zu einem entscheidenden Zusammenhang mit X, 31. Für uns bedeutet das, daß die historische Situation, in der Georg I. auf den englischen Thron geriet, in den zwanziger Jahren des nächsten Jahrhunderts noch einmal eine Wiederholung findet. Wobei die historische Situation sich nicht geographisch an den Ort der ersten Erfüllung der Weissagung hält, sondern nur an die Konstellation der Gestirne zueinander an einem bestimmten Ort der Erde. Sie könnte genauso in China oder Amerika stattfinden, doch die Berechnungen ergaben, daß Mitteleuropa gemeint sein muß.

Das Erstaunliche ist, daß wir heute sogar schon das Alter des deutschen Prinzen auf dem Goldenen Thron angeben können. Denn von II, 87 führt der nächste Schritt zu X, 71. Der Vers lautet:

La terre & l'air gelleroni si grand eau,
Lors qu'on viendra pour jeudi venerer,
Ce qui sera jamais ne feut si beau,
Des quatre pars le viendront honnorer
„Erde und Luft werden so großes Wasser gefrieren,
wenn man kommen wird, den Donnerstag zu ehren.
Der, der kommen wird, wird so schön sein.
Aus den vier Himmelsrichtungen wird man kommen,
ihn zu ehren."

Astrologische Berechnungen haben den Tag, der hier beschrieben wird, eindeutig festgelegt. Es ist der 21. Januar 1981, ein Mittwoch. An diesem Tag wurde, das ergibt der Zusammenhang aller für diesen Vers heranzuziehenden Strophen, ein Mann geboren, der später unter dem Namen Heinrich, der Schöne, oder Heinrich, der Glückliche, bekannt werden wird. Seine große Bedeutung im Werk von Nostradamus wurde schon an früherer Stelle erwähnt. Der Seher beschreibt ihn als den großen Führer Europas im nächsten Jahrhundert.

Die in diesem Punkt sehr exakte Nostradamus-Forschung gibt uns die Gewißheit, daß der Mann, auf den der Prophet so stark vertraut, bereits geboren ist, im Jahr 1982 bereits ein Jahr alt wird. Doch alle bisherigen Bemühungen, den Geburtsort oder nähere Umstände der Geburt des Angekündigten ausfindig zu machen, sind bisher gescheitert.

Entweder hat der Seher dies Bemühen vorausgeschaut und deshalb alle Hinweise darauf noch weiter verschlüsselt, oder ihm waren auch nur die uns bisher ermittelten Umstände offensichtlich – die Details jedoch nicht.

In jedem Fall aber ist es eine ungeheure Vorstellung, sicher zu sein, daß der von Nostradamus beinahe als Erlöser angekündigte Mann des nächsten Jahrhunderts bereits heute unter uns lebt, wir ihn aber nicht ausfindig machen können. Diesmal führt kein Stern von Bethlehem zu einem Stall.

Der Prinz, der Principe, der Herrscher und Führer, ist ein Kind deutscher und französischer Eltern: Er kommt auf die Welt als Sohn eines Adlers und einer Lilie. Der Adler als Charaktername bezeichnet bei Nostradamus die Deutschen, die Bourbonen-Lilie steht für die Franzosen. Nicht unbedingt muß der Angekündigte adligen Blutes sein. Zum einen bezeichnet der Seher gern Menschen von herausragender Bedeutung – und nur mit ihnen beschäftigt er sich – mit Attributen, die wir selbstverständlich dem Adel zuschreiben. Zum anderen führt die Kennzeichnung eines Menschen mit dem Begriff „von Frankreich“ oder „von dem und dem Land“ oder auch „von der Lilie“ zu der vielleicht falschen Erkenntnis, Nostradamus habe damit einen Geschlechternamen bezeichnen wollen.

Es gibt Hinweise darauf, daß der bürgerliche Wissenschaftler und Astrologe die Herrschenden seiner Zeit, die Könige und ihre adligen Stellvertreter durchaus skeptisch gesehen hat. Das Gottesgnadentum der Könige konnte durchaus auch einem bürgerlichen Herrscher zufallen. Nach unserer heutigen Kenntnis ist es deshalb falsch, wie bisher vielfach angenommen, für die zwanziger Jahre des nächsten Jahrhunderts eine Wiedereinführung der Monarchie in Deutschland anzunehmen.

In Vers IV, 93, der Näheres über die Umstände der Geburt des Prinzen sagt, wird auch klar zumindest das Geburtsland genannt: Frankreich. Und in VI, 70 erfahren wir auch den Namen des Angekündigten: Henry im Französischen, Heinrich im Deutschen, versteckt in dem Anagramm „Chyren“ = Henryc = Heinrich. Dieser Vers preist den kommenden Herrscher: Mehr als alle vorher werden ihn die Völker lieben. Und mit seinem Kommen geht die unruhige Zeit, die bis etwa zum Jahre 2010 das Leben in Mitteleuropa bestimmt, zu Ende. Bis zum Jahre 2020 dauern die Vorbereitungen für den Aufbau, Ausbau und die Konsolidierung Europas, bis dann in diesem oder im nächsten Jahr der dann etwa vierzigjährige Heinrich die Herrschaft übernimmt.

In dieser Phase der Weltgeschichte sieht Nostradamus aus dem um Deutschland herum geeinten Europa noch zwei wesentliche Reiche, deren Herrscher ihre Staatengemeinschaften offensichtlich genauso klug und weise regieren wie der Glückliche Heinrich den europäischen Kontinent. Entsprechende Stellen finden sich in Vers I, 99 und in etwas komplizierterer Umschreibung in Vers X, 75. Dieser Vers spricht auch vom Lebensende des Heinrich, das friedlich ist und ihn, knapp hundertjährig geworden, zum verehrten Führer und Lehrer auch nach seinem Tod werden läßt.

Bisherige Auslegungen der Nostradamus-Weissagungen haben für genau diese Periode der deutschen und europäischen Geschichte furchtbare kriegerische Auseinandersetzungen aus den Centurien herausgelesen. Die inzwischen vorgenommene Überprüfung und wiederum die richtige Zuordnung der Verse der einzelnen Centurien zueinander haben dies korrigiert. Dabei zeigte sich noch ein interessanter Nebenaspekt, der bisher in der Nostradamus-Forschung unberücksichtigt blieb und dem vor allem der schlechte Ruf, den der Seher als Prophet des Unheils und des Weltuntergangs genießt, zuzuschreiben ist.

Nostradamus hat in vielen seiner Verse oft Bilder aus dem Bereich der Naturkatastrophen, der schweren Krankheiten und Seuchen, des Krieges und der Zerstörung benutzt. Ausgehend von den ersten Deutern des schreckensgläubigen Mittelalters, weitergereicht an die Adepten und Geheimwissenschaftler des 17. und 18. Jahrhunderts und unkritisch übernommen von den Forschern des 19., sind diese Visionen nie hinterfragt worden. Erst jetzt finden wir allmählich dazu, den blutigen Horror-Gemälden des Nostradamus auch andere, friedfertige Deutungen zu unterlegen. Anhaltspunkte dafür liefern mehrere Verse, die sich insbesondere mit Deutschland und Mitteleuropa in den kommenden Jahrzehnten beschäftigen. Entdeckt wurde dieser neue Nostradamus eigentlich aus einer Enttäuschung über den alten.

Jede Generation, die die Nostradamus-Exegese der vorangegangenen einer Überprüfung unterzieht, war zunächst betroffen darüber, daß viele der Katastrophen, die der Seher angeblich vorhergesagt hatte, ausgeblieben waren. Doch selbst angesehene Nostradamus-Forscher wie zum Beispiel der Privatgelehrte und Ordentliche Professor S. Naegele in Bern machte den Fehler, die Textinterpretationen ihrer Vorgänger total zu verwerfen: Es sei eben der falsche Vers für den entsprechenden Zeitraum herangezogen worden.

Genau das stimmt nicht: Die Möglichkeiten der Berechnung des schwierigen Fahrplans innerhalb der vorliegenden Centurien waren auch für Nostradamus-Adepten im 19. Jahrhundert durchaus vorhanden – und die meisten nutzten sie auch meisterhaft. Sie fanden in den meisten Fällen deshalb durchaus den richtigen Vers, der zu den entsprechenden astrologischen Situationen gehörte. Ihr Fehler lag nur in der Interpretation.

So wurde die Schilderung eines gewaltsamen Umbruchs immer für die Schilderung von realer Gewalt gehalten. Heute können wir erkennen, daß Nostradamus auch radikale Brüche mit Denkweisen, mit sozialen Verhaltensformen mit den Mitteln des Schlachtenmalers beschrieb. Wenn dieses Denkklischee, mit dem sich die bisherige Nostradamus-Forschung vielfach selbst verstümmelte, überwunden ist, wird uns der französische Seher auch viel menschlicher – und viel einleuchtender – erscheinen als der bisherige „alte und böse“ Nostradamus.

Nostradamus selbst scheint das befürchtet zu haben. Aus den fragmentarischen Briefen und Prosastücken geht zunächst nur mit Sicherheit hervor, daß er einem hundert Jahre später geborenen Menschen, den er genau zu kennen schien, Anweisungen für die Entschlüsselung seiner Texte gab. Doch aus diesen Anweisungen ergibt sich als neue Erkenntnis auch, daß der Seher offensichtlich nicht nur ein Jahrhundert vorausplante, sondern Empfängern in *jedem* Jahrhundert solche Hilfestellungen zuspielen lassen wollte. Wir wissen nicht, was daraus geworden ist – nicht einmal mit Sicherheit läßt sich ausschließen, daß einige solcher Botschaften ihre Adressaten erreicht haben. Wurde ihnen eventuell von Nostradamus selbst aufgetragen, ihr Wissen nur in bestimmten Situationen zu nutzen? Bei der Genauigkeit des Meisters und seiner großen Furcht davor, in falsche Hände zu geraten oder mißverstanden zu werden, keine undenkbare Vorstellung. Die Weisen und die Seher, die in vielen Jahrhunderten und an ganz verschiedenen Orten auftauchen – haben sie ihr Wissen von Nostradamus, das dieser ihnen auf eine uns heute bisher nicht rekonstruierbare Weise vermittelt hat?

Allein im Lauf der deutschen Geschichte tauchen mehrere Seher auf, häufig auf dem Lande, im Umkreis um berühmte Kirchen, mitten unter einer frommen Bevölkerung, deren Vorhersagen auf das Erstaunlichste eintrafen. Bei den Bemühungen, die zum Teil nur mündlich überlieferten und recht spät erst aufgezeichneten Prophezeiungen solcher „Spökenkieker“ zu untersuchen, trifft man häufig auf eine erstaunliche Verwandtschaft zu Nostradamus. Selbst der schlichte Charakter seiner Verse und die meisterhafte Vieldeutigkeit wiederholen sich. In anderen Ländern gibt es Ähnliches. Die Frage wird erst nach einer umfassenden Untersuchung des Gesamtwerks von Nostradamus beantwortet werden können: Hat sich der Meister seine Erben und Jünger noch selbst ausgesucht? Wenn die jetzt aufgefundenen Prosatexte und Bruchstücke einer weiteren Centurie – dem Rest der XII., von der bisher nur elf Vierzeiler bekannt wurden, endgültig ausgewertet worden sind, wird die Nostradamus-Forschung darüber sicher mehr wissen.

In einem der äußeren Ringe, die sich konzentrisch um den Schlüsselvers X, 31 lagern, taucht der Vers II, 80 auf. Er ist nach heutiger Erkenntnis als die Schilderung des Regimes des angekündigten Heinrich und des Zustands seines Reiches nach seiner Amtsübernahme zu verstehen. Auch hier wird von „conflict" gesprochen, ein Wort, das bisherige Nostradamus-Forscher immer mit „gewaltsamer Konflikt" gleichsetzten – auch dieser Vierzeiler hielt für die inzwischen nicht mehr ernsthaft vertretbare These von den kriegerischen Auseinandersetzungen zu Beginn des nächsten Jahrhunderts her. Tatsächlich gebraucht Nostradamus den Begriff „conflict" im Zusammenhang mit den Ideen, die Heinrich erst gegen seine Gegner – jene mit anderen Ideen – durchsetzen muß. Doch dies geschieht nicht mit Waffengewalt. Nostradamus scheint in diesem Vierzeiler den Ablauf einer Parlamentsdebatte – so wie sie ihm aus wissenschaftlichen Streitgesprächen vertraut war – zu schildern. Und zusätzlich: Die Idee des Heinrich, das „Heilige Reich", setzt sich durch. Seine Gegner werden bestraft – der Debatte folgt das Gerichtsverfahren.

Interessant dabei ist die Wortwahl von Nostradamus, die erst durch unser Wissen um die Zugehörigkeit dieses Verses zu dem Zyklus Zentraleuropa Bedeutung gewinnt. Ohne wertende Beiworte schildert der Seher, daß es auch „den Großen" nicht erlaubt sein wird, davonzukommen. Das „Heilige Reich" des Nostradamus hat sympathische Züge.

So friedlich der Seher aber auch verstanden werden kann, nicht alle der Prophezeiungen des Nostradamus finden ihre Erklärung allein durch seine oft kriegerische Sprache. Deshalb – und hier taucht die neue Schwierigkeit auf – müssen Nostradamus-Leser genau zwischen einem bildhaften und einem tatsächlichen Schlachtengemälde unterscheiden. Wichtig geworden ist diese Überlegung im Zusammenhang mit dem Vierzeiler 57 aus der III. Centurie, die erst neue Überlegungen in den zentraleuropäischen Zyklus plazieren. Der Vers lautet:

Sept fois changer verrez gent Britannique
Taintz en sang en deux cents nonante an:
Franche non point par appuy Germanique,
Aries doubte son pole Bastarnien.
„Siebenmal wird man sehen, wie Britannien sich verändert.
So viel Blut in 290 Jahren.
Während England in einer Krise von Deutschland unterstützt wird,
entwickelt sich in Polen eine kritische Situation."

Astrologische Auswertungen dieses Verses plazieren seine Bedeutung in die auslaufenden achtziger Jahre des 20. Jahrhunderts bis etwa 1995. Die Schwierigkeit, ihn zu interpretieren, bestand bisher immer darin, das Datum zu finden, von dem an die 290 Jahre zu rechnen seien. Inzwischen hat man sich darauf geeinigt, den Umgang des Pluto – ein Zirkel von 265 Jahren – statt der im Text erwähnten 290 Jahre zur Grundlage zu nehmen. Die Begründung dafür entstammt einem Vers aus der XII. Centurie, der ohne diesen Zusammenhang unverständlich bleiben würde: „Wenn Pluto regiert, verschont das Blut die Inseln für ein Vierteljahrhundert." Die Inseln sind England, ein Vierteljahrhundert sind 25 Jahre. Und genau diese 25 Jahre fehlen von einem Pluto-Umgang auf 290 Jahre.

Wahrscheinlich ist also, daß Nostradamus 1730 den siebenmaligen Wechsel Englands beginnen läßt. Das bringt uns dann zum Jahre 1995, dem Beginn einer kurzen friedlichen Ruhepause, bis dann – entsprechend Vers 72, X – im Jahre 1999 jene große Sonnenfinsternis auftritt, die auch Professor Hideo Itokawa berechnete; eventuell Präludium eines Krieges. In den Jahren aber vor 1995 wird England von Deutschland unterstützt werden – ein Vorgang, der tatsächlich schon heute durch die EG-Ausgleichszahlungen stattfindet. Die kritische Situation in Polen hat sich entwickelt – bis hin zur Gefahr einer kriegerischen Auseinandersetzung.

In keinem seiner anderen Verse greift Nostradamus das Thema noch einmal auf. Es scheint, daß er außer der Bedrohung keine weiteren Ereignisse gesehen hat, so daß zumindest bis zur zweiten Hälfte der neunziger Jahre Westeuropa relativ ruhig leben könnte. Nicht klar ist, was in den ersten zwanzig Jahren des 21. Jahrhunderts geschieht.

Im großen und ganzen kann der deutsche Nostradamus-Leser ruhiger in die Zukunft blicken. Für uns und die Staaten in unserer unmittelbaren Nachbarschaft hält der Prophet des Schreckens eigentlich beruhigende Botschaften bereit, auch wenn natürlich Mitteleuropa sich keinem der Ereignisse, die anderswo auf der Welt geschehen, entziehen kann.

Nostradamus gibt Hinweise aber auch darauf, daß dieses Europa politisch nicht mehr in Osten und Westen geteilt ist. In X, 86 schreibt er:

Comme un griphon viendra le roi d'Europe
Accompaigné de ceux d'Auqilon,
de rouges & de blancz conduira grand troppe
Et ironi contre le roi de Babilon.
„Wie ein Greif wird der König Europas kommen,
begleitet von denen in Aquilon.
Er wird die Roten und Schwarzen in großer Zahl führen,
und zusammen werden sie gegen den König von Babylon ziehen."

Wie ein Greif, so glaubt der Seher, wird der König ganz Europas kommen, begleitet von den Völkern Aquilons, den Völkern Deutschlands. Er wird die große Truppe aus Roten und Weißen anführen und mit ihr gegen den König von Babylon marschieren. Selten ist Nostradamus so klar wie in diesem Vers. Alles erklärt sich fast beim ersten Durchlesen – nur der König von Babylon ist keineswegs der Herrscher eines arabischen Staates, als den ihn manche Nostradamus-Forscher sehen, sondern, vor allem im Kontext mit den zu diesem Ring gehörigen Versen, die Zwietracht an sich. Heinrich wird keinen Krieg führen, der mit den Waffen des Militärs geschlagen und gewonnen werden muß. Sein Heiliges Reich kämpft um die Einigkeit und das Heil der Seelen aller Menschen. In einem Sechszeiler aus dem Nachlaß des tiefreligiösen Konvertiten Nostradamus findet sich sogar die Stelle, an der Heinrich von einem Papst gesegnet wird: Osten und Westen, Morgenland und Abendland werden sein Gedächtnis bewahren.

In Vers X, 42 prophezeit Nostradamus, daß Heinrichs Reich von himmlischer Herkunft ist: Der Welt wird lange Zeit der Frieden erhalten, der Krieg sitzt gefangen.

Für den unmittelbaren Ablauf der europäischen Geschichte bedeutet diese jezt möglich gewordene Exegese der Verse des Nostradamus etwa folgende Zeitfolge, die hier unter besonderer Berücksichtigung der Situation in Deutschland wiedergegeben wird:

1982

Verhandlungen zwischen der UdSSR und den USA über mögliche Begrenzung der atomaren Rüstung. Vermittlungsversuche der deutschen Bundesregierung. Dennoch Abbruch der Verhandlungen.

1983

Weitere Aufrüstung von Nato und Warschauer Pakt. Parallel dazu deutsch-deutsche Verhandlungen, die von Frankreich im Westen und der Sowjetunion im Osten ermuntert bzw. geduldet werden.

1987

Italien, Spanien und Griechenland schließen sich der Paß- und Währungsunion der westlichen Staaten an. Albanien bittet um Aufnahme in die EG. Jugoslawien hat seine Streitigkeiten mit Albanien beigelegt. Der Vielvölkerstaat teilt sich in autonome Provinzen. Ähnliche Bestrebungen zeichnen sich in Spanien ab. Das Baskenland in seinem spanischen Teil vereinigt sich mit dem französischen Baskenland. Die neu entstandene Region, von den Regierungen in Paris und Madrid geduldet, schließt sich in loser Konföderation der EG-Union an. Die Frage der staatlichen Selbständigkeit bleibt ungeklärt. In Ost-Berlin finden Verhandlungen zwischen der Bundesrepublik und der DDR statt. Als einziger Staat des Warschauer Pakts kann die DDR noch Teile ihres Wirtschafts- und Technologie-Imports bezahlen. Die Krise im Ostblock spitzt sich zu. Die ideologischen Grundlagen der vergangenen Jahrzehnte werden auch in offiziellen Mitteilungen in Frage gestellt.

1988

Die Bundesrepublik gerät in eine Schlüsselposition. Durch ihre Kontakte mit Ost-Berlin ist sie der einzige Partner in der EG-Union, der noch in einem Dauergespräch mit dem Osten ist. Der Westen, insbesondere das erstarkte Frankreich, will über den deutsch-deutschen Dialog die Sowjetunion zu Zugeständnissen überreden. Deshalb stimmen Frankreich und die Benelux-Staaten einer Deutschen Konföderation zu. Eine Quasi-Wiedervereinigung Deutschlands findet statt. Allerdings bleiben die Grenzen geschlossen. Es gibt lediglich gemeinsame Aktionen bei Außenhandels-Projekten, der gemeinsamen Energie-Versorgung und Entwicklungs-Projekten im Inneren beider Staaten. Die Sowjetunion schlägt einen Friedensvertrag für Gesamtdeutschland vor.

1989

An der Vertragskonferenz über einen „Vertrag zur Beendigung des Zweiten Weltkrieges“ nehmen die Sowjetunion, die USA, Großbritannien, Frankreich, Holland, Belgien, die Niederlande, Italien, Polen, die Tschechoslowakei, Griechenland, Ungarn und Rumänien teil. Alle anderen interessierten Staaten werden von ihren jeweiligen Bündnispartnern vertreten. Die Sowjetunion gibt Teile Galiziens, Weißrußlands und Ospreußens an Polen. Polen seinerseits gibt gewisse Teile Mecklenburgs und Pommerns an die DDR. Die daraus resultierenden Zahlungen werden von der Bundesrepublik übernommen.

1990

Die sowjetischen Erdölfelder am Kaspischen Meer sind erschöpft. Die UdSSR sucht nach neuen Energiequellen. Die von der Bundesrepublik vorfinanzierte Industrialisierung Sibiriens ist immer noch nicht gelungen. Die USA, die inzwischen die mexikanischen Ölfelder übernommen haben, scheinen kein Interesse an einer sowjetischen Intervention im Iran zu haben, der inzwischen – seit 1987 – wieder Kaiserreich ist. Moskau versucht die persischen Provinzen am Südrand des Kaspischen Meers zu besetzen. Ein Nahost-Krieg beginnt, der die Türkei, inzwischen zu einem griechischen Satelliten abgesunken, neu in Brand setzt.

1991

Die inneren Widersprüche innerhalb der Sowjetunion verursachen eine neue Revolution, ausgelöst zunächst durch nationale Aufstände innerhalb des Vielvölkerstaates. Der Krieg im Süden geht verloren. Dennoch behauptet sich die Sowjetmacht in Großrußland, Teilen Weißrußlands und in Teilen der Ukraine und in

Nordsibirien. In diesem Jahr wird die deutsch-deutsche Konföderation erweitert. Das Paßsystem wird einheitlich, Reisebeschränkungen existieren nicht mehr.

1992

Ein erneuter Wahlsieg der Sozialdemokraten über die CDU gibt der Bundesrepublik mehr innen- und außenpolitische Handlungsfreiheit. Die Anpassung des westdeutschen an das ostdeutsche Regierungssystem wird vollzogen. Die sozialistischen Vorstellungen der DDR werden aufgegeben. Gegen eine neue Zahlungsverpflichtung entläßt die Sowjetunion Gesamtdeutschland aus ihrem Block. BRD und DDR schulden allein der Sowjetunion 900 Milliarden Mark. Die Verwaltungseinheiten und die Zentralverwaltung der DDR bleiben erhalten.

1993

Ein Raumschiff der USA hat spaltbares Material auf einem der Satellitenmonde der Venus entdeckt. Eine neue Technik ermöglicht den Abbau und Transport innerhalb von neun Monaten vom Venus-Mond auf die Erde. Das Material ist metallischen Ursprungs und gehört innerhalb des chemisch-physikalischen Systems in die Schwermetallreihe, die es unerwartet erweitert. Die bisherige Chancengleichheit zwischen der Rest-UdSSR und den USA schwindet, da die UdSSR an diesem Fund keinen Anteil hat. Die Bundesrepublik kann sich in den amerikanischen Erfolg einkaufen, da seit bereits mehreren Jahren die Amerikaner deutsche Wissenschaftler in ihren Forschungs- und Verarbeitungslaboratorien benötigen. Denn spätestens seit 1981 haben die USA ihr eigenes Ausbildungsprogramm vernachlässigt.

1994

Die Feldzüge der Sowjetunion im Nahen Osten gefährden inzwischen auch die Mittelmeerküsten. Die USA versuchen zunächst den russischen Vormarsch durch Gelder aus den Kassen ihrer Verbündeten zu stoppen. Doch die globale Geld-Entwertung, die sich schon etwa fünf Jahre zuvor abzeichnet, verhindert eine effektive Änderung der Lage.

1995–1999

In diesen Jahren werden die Voraussagen von Nostradamus undeutlich – soweit wir sie heute richtig auslegen können. Sicher ist nur, daß im Jahre 1999 eine Naturkatastrophe oder eine von Menschen initiierte Schlacht schweres Unheil auch über Mitteleuropa bringt. Allerdings wissen wir, daß das tragische Geschehen nicht so schwerwiegend sein kann, um etwa zwanzig Jahre später das Wirken des glücklichen Heinrich zu verhindern.

Mögliche Entwicklung in der Medizin: Sieg über den Krebs und ewiges Leben

Zur Entwicklung von Wissenschaft und Technik, Kunst und Kultur geben die Vierzeiler des Nostradamus für den Rest unseres Jahrhunderts wenig her.

Hier muß man schon seine Prosaschriften zu Rate ziehen. Natürlich spricht er ganz allgemein von der Eroberung des Weltraums, von Raketen und von der Tatsache, daß die Welt immer kleiner wird, womit er den Fortschritt von Verkehrswesen und Kommunikation anzudeuten scheint.

Aber man muß schon sehr genau hinsehen, um zum Beispiel mögliche Fortschritte in der Medizin zu entdecken.

Die größte Errungenschaft für unser Jahrhundert scheint die Verwirklichung eines alten Traumes von Nostradamus und seinem Arzt-Kollegen und Zeitgenossen Paracelsus zu sein, nämlich die Schaffung eines künstlichen Menschen, des „Homunkulus". Nostradamus nennt ihn den „neuen Menschen" und meint das einmal philosophisch, zum anderen auch wortwörtlich.

Paracelsus war im Gegensatz zu Nostradamus davon überzeugt, daß der „Homunkulus" noch im sechzehnten Jahrhundert geschaffen werden könne. Nostradamus jedoch kündigt ihn erst für das Ende des zwanzigsten Jahrhunderts an.

Mit Organverpflanzungen und künstlicher Befruchtung haben wir diesen Weg bereits eingeschlagen. Genmanipulationen, die schon jetzt in zahlreichen Laboratorien vorgenommen werden, weisen in eine ähnliche Richtung. Der eingeschlagene Weg scheint nach Nostradamus zum Ziel zu führen. Vermutlich im Lauf des Jahres 1988. Aber noch eine andere Verheißung, die zunächst etwas rätselhaft klingt, wird in das Leben der Menschen entscheidend eingreifen. Jedoch erst, wenn einige ungewöhnliche Vögel aufgetaucht sind, die „Huy, Huy!“ schreien (Flugzeuge, die eine Bombenlast tragen?), nachdem die Menschheit auf die Hälfte reduziert sein wird, und „das Gras in den Städten kniehoch steht“. Dann „wird Satan für tausend Jahre gefesselt werden und die zweite Furcht Gottes verwirklicht sein“. Und zu jener Zeit (tausend Jahre lang?) wird Friede sein auf Erden. Und nicht einmal die giftigen Verführungskünste der „Bewohner der Azoren“ könnten daran etwas ändern.

Die „Bewohner der Azoren“ dürften die Amerikaner sein. Aber was ist die zweite Furcht Gottes? Im 1. Mose 3 Vers 22 steht:

„Und Gott der Herr sprach: Siehe, der Mensch ist geworden wie unsereiner und weiß, was gut und böse ist. Nun aber, daß er nur nicht ausstrecke seine Hand und breche auch von dem Baum des Lebens und esse und lebe ewiglich!“

Das war Gottes Begründung für die Ausweisung des ersten Menschenpaares aus dem Garten Eden.

Die erste Furcht Gottes war die Sorge, daß der Mensch vom Baum der Erkenntnis essen könnte. Die zweite Furcht ist die Sorge, daß er auch vom Baum des Lebens essen würde.

Im Klartext bedeutet das nichts anderes, als daß die Menschheit gegen Ende unseres Jahrhunderts die Möglichkeit gefunden haben wird, Alter und Tod auszuschalten. Ein Privileg freilich, das nur für die vorher reduzierte Menschheit gilt. Wie segensreich eine solche Errungenschaft freilich sein könnte, wird sich zeigen müssen. Der Gedanke an ein ewiges Leben hat auch etwas Erschrekkendes.

Nostradamus indes scheint die Aussicht für verlockend zu halten. Für ihn bricht dann nämlich ein „goldenes Zeitalter“ an. Jedenfalls scheint der Sieg über Krankheit und Tod als Symptom für die „neue Menschheit“ bei Nostradamus immer wieder auf.

Verständlich, daß er sich darüber Gedanken machte. Nicht nur als Arzt, sondern auch als Zeitgenosse des Schwarzen Todes, der sich allein in Westeuropa 25 Millionen Opfer holte. Und schließlich als ein von allerlei Gebresten geplagter Mensch. Gesundheit, Jugend und ewiges Leben müssen für ihn etwas unvorstellbar Verheißungsvolles gewesen sein.

Die Krankheit Krebs war als solche zu Lebzeiten des Nostradamus noch nicht bekannt. Die Geißel der Menschheit war damals nicht der Krebs, sondern die Pest. Er muß jedoch vorausgesehen haben, daß die Pest, die er „die große Krankheit" nennt, in Europa erlöschen würde, lange vor der großen Zeitenwende. Wenn er also an einer Stelle sagt, daß dann, „wenn sich alles erfüllen wird, die große Krankheit vom Menschen genommen (wird)", dann kann das unter anderem auch die Bedeutung haben, daß der Krebs, der Herzinfarkt und die übrigen „großen Krankheiten" unserer Zeit wie Bluthochdruck, Gefäßkrankheiten und Rheumatismus noch in diesem Jahrhundert besiegt werden.

Diese Aussage von Nostradamus ist freilich, wie so vieles bei ihm, mehrdeutig. „Die große Krankheit" kann außerdem noch der Unglaube sein. Auch der Haß und der Krieg bieten sich als große Krankheiten an. Allerdings ist er in seinen Prosaaussagen viel klarer und präziser. Offenbar war er doch bestrebt, den Nachkommenden einige Lesehilfen für sein Werk zu hinterlassen.

Zusammengefaßt würde das also bedeuten: Noch in den achtziger Jahren wird die Technik von Organverpflanzung, künstlicher Befruchtung und Genmanipulation noch so weit entwickelt, daß es gelingen wird, die ersten Exemplare eines „neuen Menschen" zu schaffen. Nostradamus sagt ja auch: „Prometheus kehrt zurück." Prometheus hatte künstliche Menschen geschaffen.

Gegen Ende der achtziger Jahre und zu Beginn der neunziger Jahre kündigt sich ein Sieg über die großen Krankheiten an, und gegen Ende des Jahrtausends wird es dem Menschen gelungen sein, über Alter und Krankheit zu siegen. Ob zum Segen oder zum Fluch der Menschheit, das wird die Zukunft weisen.

Die kosmischen Katastrophen

Wir haben sehr häufig – ähnlich wie Nostradamus selbst – eine Methode benutzt, die unseren eigenen Lebensraum, also Deutschland und im weiteren Sinne Europa, in den Mittelpunkt der Betrachtungen legt. Aus unserer Sicht bedeutet das eine Entzerrung der Perspektive des Nostradamus, für den seine engere Heimat, also die Provence und Frankreich, im Mittelpunkt des Weltgeschehens lag. Global betrachtet ist jedoch auch unser Vorgehen subjektiv und zeigt das Weltgeschehen perspektivisch verzerrt.

Nun gibt es jedoch Voraussagen des Nostradamus, die sich eindeutig auf ganze Kontinente beziehen, wie zum Beispiel die berühmte Ankündigung eines verheerenden Erdbebens in Amerika: In der Centurie I, 87 wird das ganz klar ausgesprochen:

„Erdbeben, Feuer aus dem Zentrum der Erde
wird die Gegend um die Neue Stadt erzittern lassen.
Zwei große Blöcke (Felsen) werden für lange Zeit kämpfen,
dann wird Arethusa (eine Flußnymphe) den Neuen Fluß röten.“

Hier vermuten Experten, daß Nostradamus das Wort USA unverschlüsselt eingesetzt hat, und zwar mit Hilfe des Hebräischen, dessen er ja mächtig war. Im Hebräischen bedeutet „Arets“ soviel wie Land. Arets USA – Arethusa – Vereinigte Staaten. Das ist ziemlich eindeutig. Auch im Neuhebräischen wäre das Wort „Erez USA“ zwar ein wenig altertümlich, aber durchaus verständlich auf die Vereinigten Staaten anzuwenden.

Es wird also in den USA ein Erdbeben geben, hervorgerufen durch den Kampf zweier Blöcke oder Felsen, das sogar die Gegend von New York erzittern lassen wird.

Nun, auch der „Kampf der beiden Blöcke“ ist zu klären: Die sogenannte San Andreas-Spalte ist ein geologischer Riß, der sich der Länge nach durch ganz Amerika zieht und den Kontinent in zwei Platten teilt. Diese beiden Kontinentalplatten sind in ständiger Bewegung, bilden Spannungen, die sich gelegentlich in gewaltigen Erdbeben entladen, die den ganzen Kontinent erschüttern. Das große Beben von San Francisco war in unserem Jahrhundert eine der großen Katastrophen. Bekannt sind auch die Großbeben aus Mittelamerika bis hinunter nach Chile entlang dieses Kontinentalrisses.

Erdbebenexperten erwarten bereits in unserem Jahrzehnt ein erneutes Großbeben von unerhörtem Ausmaß. Nostradamus dürfte recht behalten. Und wiederum, da es sich um Ereignisse in der Zukunft handelt, könnte der Vers auch noch anders gedeutet werden, weniger wortwörtlich. Etwa so: Eine atomare Katastrophe wird über New York und seine Umgebung hereinbrechen, wenn die zwei feindlichen Blöcke Ost und West gegeneinander kämpfen. Und dann wird über die USA eine rote Flut hereinbrechen, das heißt, es wird kommunistisch. Das würde nun wieder den apokalyptischen Deutungen der Nostradamus-Visionen entsprechen.

Viele Interpreten erblicken auch im folgenden Vierzeiler die Ankündigung einer Weltkatastrophe: In I, 84 heißt es:

„Der Mond wird verdunkelt in tiefer Finsternis.
Sein Bruder geht rostrot an ihm vorbei.
Der Große, der lange Zeit verborgen war in der Finsternis,
wird Eisen in der blutigen Wunde halten."

Katastrophenexperten sehen darin den unausweichlichen Zusammenstoß der Erde mit einem Kometen oder Planetoiden – „der Große", der lange in der Finsternis des Weltraums verborgen war. Vielleicht einer jener sagenhaften Kometen, die nur alle paar tausend Jahre in die Nähe unseres Planeten gelangen.

Man hat ausgerechnet, daß ein großer Komet, der in der Nähe des Mondes, also etwa 300000 Kilometer von der Erde entfernt, an uns vorüberzöge, ohne mit uns zu kollidieren, verheerende Flutkatastrophen, Erdbeben und Vulkanausbrüche verursachen würde, welche die Oberfläche der Kontinente verändern würde. Der Mond würde durch den Kometenschweif völlig verdunkelt, und der rostrote Bruder wäre eben der Komet selber, vermutlich weil er wie viele vagabundierende Himmelskörper aus Eisenoxyd besteht.

Die traditionelle Deutung des Vierzeilers ist jedoch weit harmloser. Es handelte sich danach um die angekündigte Ermordung des Grafen Du Berry, der in der Nacht zum 13. Februar 1820 bei einem Opernbesuch erstochen wurde.

Wie dem auch sei – es gibt Stellen bei Nostradamus, vor allem in seiner unverschlüsselten Prosa-Hinterlassenschaft, die sich schwerlich harmlos deuten lassen. Solche Stellen scheinen den Vertretern der sogenannten „Polsprungthese" und des bevorstehenden Umkippens der Erdachse recht zu geben.

Es ist die erwähnte Sonnenfinsternis kurz vor der Zeitenwende und die „große Verlagerung, so daß man glaubt, die Erde habe ihre Schwerkraft verloren und die Welt sie in ewige Finsternis geschleudert".

Eine riesige Sonnenfinsternis und eine „große Verlagerung", also ein Taumeln oder Umkippen der Erdachse könnte in der Tat durch den Beinahe-Zusammenstoß mit einem Riesenkometen verursacht werden. Dadurch könnten große Kontinentalmassen, zum Beispiel Europa, plötzlich in die Gegend der heutigen Polarregion verschoben werden. Solche Katastrophen, die sehr plötzlich hereingebrochen sind, hat es in der Vergangenheit unserer Erde tatsächlich gegeben. Das wurde bewiesen, als ein amerikanischer Forscher namens Hugh Auchincloss Brown Anfang des Jahrhunderts in Nordsibirien im Eis der Arktis tiefgefrorene, unverweste Leichen von Mammuten gefunden hatte, die innerhalb von wenigen Stunden in einer Eiskatastrophe gestorben sein müssen. Sie hatten in ihren Mägen unverdaute Reste von Pflanzen, die aus subtropischen Gegenden stammten. Und das beweist, daß das Klima in Sibirien vor Jahrtausenden, als es noch Mammute auf der Erde gab, mild und gemäßigt war. So etwas wäre aber undenkbar nördlich des Polarkreises. Also muß die Erde plötzlich umgekippt sein. Ein weiterer Beweis sind die Ölvorkommen in Nordalaska. Erdöl entsteht aus pflanzlichem Gewebe, in Gebieten mit reicher Vegetation. Also in tropischen und subtropischen Gegenden. Und wir wissen, daß das Erdöl von Alaska unter dem Dauerfrost der Tundra und sogar unter dem ewigen Eis der Arktis gefunden wurde. Auch das ist nur zu erklären durch ein Umkippen der Erdachse oder eine plötzliche Verschiebung der Kontinentalmassen.

Kündigt Nostradamus also eine solche Katastrophe an? Ist das die verheißene neue Eiszeit, die viele aus manchen Nostradamus-Versen herauslesen?

Bis heute bietet sich nur schwerlich eine neue These an. Peter Andreas zitiert in seinem Buch „Was morgen wahr sein kann“ den Geologen Jeffrey Goodmann zu diesem Thema:

„Eine Erde, die von Zeit zu Zeit taumelnd von ihrer Achse abweicht, erklärt mehr als nur das Einsetzen von Eiszeiten, Mythen und gefrorene Mammute. Sie erklärt auch eine Vielzahl anderer Korrelationen und Anomalien ... In der Tat ist eine plötzliche Polverlagerung eine gleichermaßen anwendbare Erklärung für das Entstehen von Gebirgen, für vulkanische Tätigkeit, Kontinentaldrift, magnetische Polumschwünge, das plötzliche Aussterben von Tieren und das erratische Auftreten von Gletschern.“ Und natürlich auch für riesige Flutwellen. Die Sintflut, von der alle Kulturen berichten, dürfte so entstanden sein.

Daß Nostradamus an so etwas Ähnliches dachte, braucht uns nicht weiter zu verwundern. So fortschrittlich und modern sind diese Gedanken nämlich gar nicht. Es gibt in der alten ägyptischen, chinesischen und chaldäischen Literatur viele Stellen, die von solchen Katastrophen in der Vergangenheit der Erde berichten. Und selbstverständlich dürfte auch in den geheimen und geheimwissenschaftlichen Schriften, die Nostradamus nachweislich benutzte, von solchen Dingen die Rede sein.

Es bedarf also nicht einer besonderen Sehergabe für die Ankündigung eines Umkippens der Erde in der Zukunft. Irgendwann wird es sicher geschehen. Die Frage ist nur – wird es noch zu Lebzeiten dieser Generation dazu kommen? Nostradamus meint – ja, noch vor Ende dieses Jahrtausends. Spätestens jedoch bis zum Jahr 2050. Freilich hätten solche gigantischen Katastrophen nicht den Untergang der gesamten Menschheit zur Folge, wie etwa die Selbstvernichtung durch Atom- und Neutronenwaffen. Wohl aber eine gewaltige Reduzierung der Erdbevölkerung und weitgehende Zerstörung der Städte. Vielleicht wäre dieses kosmische Unglück sogar die neue große Chance für die übriggebliebenen Menschen, die wirklich noch einmal von vorn anfangen könnten. Ist das etwa die „Erneuerung", von der Nostradamus so oft spricht?

Wir stellen diese Überlegungen bewußt so weit nach hinten, weil sie einen eindeutig spekulativen Charakter haben, so weit außerhalb des für uns Erfahrenen und Erfahrbaren liegen, daß wir nicht von kalkulierbaren Wahrscheinlichkeiten sprechen dürfen.

Sicher, Nostradamus ist in diesen Passagen klar wie nirgends sonst. Und er benutzt auffallend ähnliche Bilder wie vor ihm alle Apokalyptiker. Aber gerade das macht uns stutzig. Sieht er sich hier nicht allzusehr in der Tradition der biblischen Verkünder des Jüngsten Gerichts?

Nun, wir werden es ja vielleicht erleben.

Die Möglichkeit von Kriegen, Wirtschaftskrisen, Dürrekatastrophen, Erdbeben kann man errechnen, analysieren, erforschen. Man kann auch aus dem Fortschritt der Wissenschaft auf wissenschaftliche Errungenschaften der Zukunft schließen, kann die Entwicklung der Medizin, des Erziehungswesens, der Computertechnik, des Kommunikationswesens und der Raumfahrt vorausberechnen. Unsere modernen Großrechner, vor allem die heutige Computergeneration, haben die Funktion der alten Propheten übernommen. Doch auch diese Supergehirne können nur mit den Begriffen der Menschen „denken", die sie programmieren. Begriffe, die heute noch nicht existieren, können sie nicht erfinden. Auch nicht die Namen von Staaten, die es heute noch nicht gibt, ebensowenig wie Namen von künftig lebenden Menschen.

Sie können errechnen, daß die Chance des Zusammenstoßes der Erde mit einem anderen Himmelskörper bei eins zu mehreren

Milliarden liegt. Aber sie können nicht sagen, ob dieses Ereignis nicht vielleicht schon für morgen im Plan der Schöpfung vorgesehen ist.

Nostradamus dagegen hat Namen und Begriffe verwandt, die er noch nicht kannte, und Ereignisse genannt, die lange nach seiner Zeit eintraten. Und darin liegt das Geheimnis, das auch wir nicht zu enträtseln vermögen.

Bibliographie

Allgeier, Kurt: Morgen soll es Wahrheit werden (1981)

Anonym: Vie et Testament de Michel Nostradamus nach Aufzeichnungen von Jean Aimé de Chavigny (1789)

Andreas, Peter: Was morgen wahr sein kann (1981)

Blanchard J.: Histoire de Salon (1935)

Blanchard et Reynaud-Plense: La vie et L'Oeuvre de Nostradamus (1933)

Bouche, Honoré: La Choreographie et l'Histoire de Provence (1664)

Busquet Raoul: Nostradamus sa famille, son secret (1950)

Busquet Raoul: La Maladie et la Mort de Nostradamus (1950)

Centurio, Dr. Alexander: Nostradamus, Prophetische Weltgeschichte (1977)

Chavigny, Jean Aimé: La premiere Face du Janus français (1594)

Chavigny, Jean Aimé: Vie et Testament de Michel Nostradamus (1789)

Chavigny, Jean Aimé: Bref Discours sur la vie de Michel de Nostredame (1586)

Cheetham, Erika: The prophecies of Nostradamus (1973)

Fontbrune, Dr. de: Ce que Nostradamus a vraiment dit (1976)

Haitze, Joseph de: La Vie de Nostradamus (1711)

Laver, James: Nostradamus or The Future Foretold (1942)

Nostredame, César de: Lettres inédites de Salon à Peiresc (1628)

Nostredame, César de: Histoires et chroniques de Provence (1602)

Nostredame, Michel de (Nostradamus):

Nostredame, Michel de: Demonstration d'une comette (1571)

Nostredame, Michel de: Prophéties par l'Astrologue du Très chrétien

Nostredame, Michel de: Roy de France et Madame la Duchesse de Savoye (1572)
Nostredame, Michel de: Les Prophéties de M. Michel Nostradamus. Erste vollständige Ausgabe von Benoist Rigaud (Lyon 1568)
Nostredame, Michel de: Traité de Fardemens (1552)
Nostredame, Michel de: Almanach pour l'an 1573 avec les Présages (1562)
Parker Eugène: La Legende de Nostradamus et sa vie réelle (1923)
Pichon, Jean Charles: Nostradamus et le Secret de Temps (1959)
Seligmann: The History of Magic (1948)
Torne-Chavigny: Les lettres du grand Prophète (1881)
Torne-Chavigny: Nostradamus et l'Astrologie (1882)
Voldben: Die großen Weissagungen über die Zukunft der Menschen (1975)
Ward, Charles: Oracles of Nostradamus (1891)

Register